スタディツアーの理論と実践

オーストラリア先住民との対話から学ぶフォーラム型ツアー

STUDY TOUR

友永雄吾
Tomonaga Yugo

明石書店

図1　スタディツアー実施地の地図

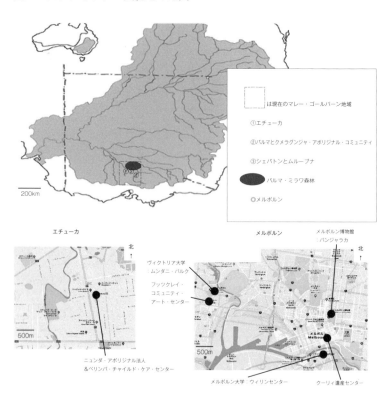

目　次

本書刊行に寄せて　藤原孝章 ………………………………… 7
　1．現代観光の多様化とスタディツアー ……………………… 7
　2．フォーラム型スタディツアーの提唱 ……………………… 9
はじめに ………………………………………………………… 13
　スタディツアーとの出会い …………………………………… 13
　現地からの要望 ………………………………………………… 15
　スタディツアーのお膳立て …………………………………… 16
　調査する側とされる側 ………………………………………… 18
　コーディネーターとしての立場 ……………………………… 19
　本書の概要 ……………………………………………………… 20

序章　スタディツアーとは何か　25

第1節　スタディツアーのあけぼの ……………………………25
第2節　スタディツアーの定義と求める人材 …………………26
第3節　スタディツアー研究の枠組み …………………………27
第4節　「ホスト／ゲスト」論の再検討 ………………………29

第2章　政令指定都市でのスタディツアー　33

第1節　政令指定都市のスタディツアー概況 …………………33
第2節　インターユース堺のスタディツアー …………………34
　（1）インターユース堺の役員体制 …………………………… 36
第3節　インターユース堺のオーストラリア・スタディツアー …37
　（1）スタディツアーの事前研修 ……………………………… 39
　（2）オーストラリア南東部スタディツアー ………………… 43
　（3）スタディツアーの事後研修 ……………………………… 69
第4節　小括 ………………………………………………………70
　付記 ……………………………………………………………… 70

3

第3章　大学でのスタディツアー　77

第1節　大学でのスタディツアー概況 …………………………77
第2節　龍谷大学の実践プログラム概要 ………………………79
第3節　「実践プログラムⅡ」の概要 ……………………………90
第4節　龍谷大学「実践プログラムⅡ」のオーストラリア・スタディツアー ……………………………………………………93
　（1）スタディツアーの事前研修 ……………………………… 93
　（2）オーストラリア南東部スタディツアー ………………… 96
　（3）スタディツアーの事後研修 ………………………………111
第5節　小括 ………………………………………………………112
　付記 …………………………………………………………112

第4章　自治体と大学におけるスタディツアー　118

第1節　自治体と大学におけるスタディツアーの類似点と相違点 118
第2節　インターユース堺と龍谷大学のスタディツアーにおけるそれぞれの立場 ……………………………………………121
　（1）インターユース堺スタディツアーにおける団員の立場 ………122
　（2）龍谷大学スタディツアーにおける学生の立場 ……………126
　（3）インターユース堺の立場 …………………………………131
　（4）龍谷大学国際学部の立場 …………………………………132
　（5）コーディネーターの立場 …………………………………133
　（6）ホストの立場 ………………………………………………137
第3節　「ホスト」「ゲスト」「コーディネーター」という立場の欺瞞… 139
第4節　小括 ………………………………………………………142

第5章　フォーラム型スタディツアーを目指して　143

第1節　「フォーラム型スタディツアー」………………………… 143
　（1）ホストの役割 ……………………………………………… 144
　（2）ゲストの役割 ……………………………………………… 150
　（3）企画主体とコーディネーターの役割 …………………… 160
第2節　「ホスト」「ゲスト」「コーディネーター」を超えて …… 162

終章　おわりに　166

参考文献 ……………………………………………………………… 171
あとがき ……………………………………………………………… 175
図表・写真一覧 ……………………………………………………… 179
索　引 ………………………………………………………………… 182
著者紹介 ……………………………………………………………… 188

本書刊行に寄せて

フォーラム型スタディツアー提唱の意義

藤原孝章（同志社女子大学）

1．現代観光の多様化とスタディツアー

　第二次世界大戦後、米ソ冷戦下での地域紛争や代理戦争は起きていたが、世界規模での大きな戦争はなくなり「平和」が訪れた。また、1950年代、60年代に多くのアジア・アフリカ諸国が欧米の植民地から政治的に独立し、「安定」的な世界の中で、1970年代以降、先進国間および先進国から開発途上国へ向かう国際観光が拡大し、大衆観光（以下、マスツーリズム）が成立していった。

　マスツーリズムは集団での観光地巡りという物見遊山的な旅として、先進国の「日常」を越境させる旅として産業化されてきた。しかし、他方、独立した開発途上国では、ときとして現地の経済的、文化的な貧困を招く結果となり、「新しい植民地主義（ネオコロニアリズム）」という指摘もされるようになった。

　本書（序章）の中でも触れられているが、1980年代以降このようなマスツーリズムのあり方への批判と模索の中で登場してきたのが、オルタナティブ・ツーリズムである。1つは、観光地と観光の持続可能性を目指すモデルとしての「持続可能な観光」である。1980年代から、国際観光機構や各国政府、自治体などが推奨し、管理的、統制的なトップ・ダウン型の観光として計画、実行されていくものである。もう1つは、「持続可能な観光」に対して、NGOやNPOなどが企画するボトム・アップ型の「スペシャル・インタレスト・ツーリズム」である。

NGO は、1960 年代以降、開発途上国での社会開発や保健、医療、教育、女性、こども支援などの活動を行ってきた。NGO は、マスツーリズムが、先進国の旅行会社、ホテル産業、リゾート開発企業など先進国に利益を還流させ、さらには、先進国観光客向けの「文化の切り出し・取り出し」としての観光化を作り出しているとして、先進国中心の観光開発の問題点を指摘してきた。NGO は、現地社会（ホスト社会）での開発協力のあり方と活動を「先進国から訪問した参加者（ゲスト）」に「観てもらい、学んでもらう」プログラムを創っていった。こうして、「スペシャル・インタレスト・ツーリズム」の１つとしてスタディツアーが成立していったのである。最近の日本では、バックパッカーなどの個人旅行を企画、推奨してきた旅行会社が「スペシャル・インタレスト」のニーズを捉えたボランティアの旅などを企画し、実行しているケースもある。

　現代観光（ツーリズム）は多様化している。表１はこれを「旅の形とテーマ・行為」としてまとめてみたものである。表中の上３つは大衆化された観光で、集団か個人かの違いである。バックパックツアーは、オルタナティブ・ツーリズムの文脈も旅行者個々の恣意の中には存在していることもある。表中の下３つは企画主体が旅行会社や自治体であれ、NGO であれ、参加者の「スペシャル・インタレスト」のニーズに応えていこうとするものである。それぞれの旅の形に応じて、あるいは混淆して、旅のテーマや好意がある。概ね、マスツーリズムにおいては、いわゆる「見る、食べる、遊ぶ、買う」などが中心となり、「スペシャル・インタレスト」では、「感じる、触れる、交わる、学ぶ」が中心となる。もちろん、「つながる、変わる、変える」にまでテーマが深まるのが理想的である。

　以上のように、現代のツーリズムにおいては、マスツーリズムにおける非対称的な関係、近代の枠組みである〈見る－見られる〉関係を超える新たな旅の模索、オルタナティブでリフレクティブな旅

表1　旅の形とテーマ・行為　　藤原他（2014：50、一部改変）

旅の形	旅のテーマ・行為
団体パックツアー（集団観光）	↑見る、買う
スケルトンツアー（現地自由行動）	食べる、遊ぶ
バックパックツアー（個人旅行、自由旅行）	歩く、探す
海外ボランティア	感じる、触れる
海外体験学習	参加する、交わる、学ぶ
NGOスタディツアー	↓つながる、変わる、変える

のあり方、自己変容、社会変容の旅のあり方が課題となっている。

2．フォーラム型スタディツアーの提唱

　筆者は、2005年から隔年ごとに2017年まで計7回、大学の授業科目（「海外こども事情」）として、海外研修・スタディツアー（タイ・スタディツアー）を企画し、学生を引率してきた。参加学生ものべ130人以上になる。ツアーの回数を重ねるうち、参加者の学びをどう見て取るか、獲得される資質や能力、社会性はどのようなものか、という問いを持つようになった。これらの問いに対する答えは藤原（2013；2016）にあるが、別のところでも共同研究において、海外研修・スタディツアーにおけるプログラムやコンテンツづくり、プログラムと参加者の学びの評価、学びの旅において生成するゲスト・ホストの変容といった枠組みを提示したことがある（序図1「国際理解教育からみた海外研修・スタディツアー」、藤原孝章他，2014：39）。

　同様の課題意識のもと取りまとめた子島・藤原編（2017）においても、〈プログラムとしての授業づくりと「関与」、学習評価としてのルーブリックの作成と活用、参加者の学びの変容と市民性、参加者にとっての状況における学び、研修におけるリスクの共有化と課

題、受け入れ側（ホスト社会）に与える影響、プログラムの制度化と学びを支える職員の参画、海外渡航における危機管理、学習のインパクトとキャリア形成〉といった視点を提供し、プログラムづくりや学習者の学びとその変容、学習の評価やインパクト、キャリア形成と市民性の獲得などを論じた。

　本書の意義は、3つある。

　1つ目は、以上のように、これまで参加者の学びやプログラムのあり方に焦点が当てられがちであった海外研修・スタディツアー論の中で、ゲストとホストの「交流」に焦点を当て、両者の影響や学びについて論じているところにある。言葉をかえていえば、ゲスト（見る側）、ホスト（見られる側）、間に立つ人びとの三者の〈出会い、関わり、交流と変容〉の場と機会を提供する「フォーラム型スタディツアー」を提唱し、その意義を論じているところにある。

　「フォーラム型スタディツアー」とは、国立民族学博物館が提唱する「フォーラム型博物館」をヒントにしている。博物館の主要アクターとしての見る側、見られる側、展示する側の3つの視点を応用したものである。これまで見過ごされがちであった、見られる側であるホスト社会の役割とスタディツアーを介したホストとゲストの相互関係およびその変容を促すコーディネーターの役割に注目するのである。

　2つ目の意義は、著者本人が、コーディネーターというよりも「インタープリター」として、すなわち、ゲスト（参加者）とホスト社会の架け橋、交流と変容の文脈解釈者として振る舞い、参加者（ゲスト）の学びは言うまでもなく、受け入れる側（本書ではオーストラリアの先住民もしくは先住民コミュニティ）の変容なども記述可能にしたところにある。ここでいう「インタープリター」とは、単なる通訳ではなく、ホストとゲストの間に立った交流と学びの文脈における媒介者・解釈者という意味である。コーディネーターよりもゲ

スト、ホストの双方に関わりが深い存在である。

　かくして、著者の大学院時代の留学経験、文化人類学のバックグラウンドなど多くの契機が、彼を単なるプログラムの作り手だけではなく、ゲスト（参加者）の学びを手助けし、ホスト社会との関係構築を目指す「インタープリター」たらしめたのである。

　本書の3つ目の意義は、自治体の主催するオーストラリア・スタディツアー、および大学（龍谷大学）での授業科目におけるオーストラリア・スタディツアーの双方に著者が直接関わり、プログラムの企画からゲストとホストの関係構築まで、一貫して論じているところにある。自治体の主催するスタディツアーとは、堺市（政令指定都市）の外郭団体であるインターユース堺（International Youth Sakai）の委託による3年間（2012－14年）のプログラムである。参加者は堺市在住の15歳から30歳までの青年男女であり、オーストラリア南東部の先住民コミュニティを訪れるものである。大学での授業科目におけるオーストラリア・スタディツアーとは、龍谷大学国際学部国際文化学科の国際文化実践プログラムⅡ（2又は4単位）の中の国外研修の1つにあたるものである。著者をコーディネーターとするものであり、訪問先は堺市と同じである。

　スタディツアーであっても、現地ホスト社会（コミュニティ）にとっては、「見られる」「さしだす」「奪われる」だけの一方的な（非対称的な）関係の中で、参加者の学びが成立していることがあり得る。あるいは、そのような関係性における学びに対して危惧を抱いている引率者や現地コーディネーターがいるかもしれない。本書は、そのような問いと疑問を持った読者への優れた回答になっている。また、そのような危惧を回避する1つのアプローチをも示している。

引用・参照文献
・藤原孝章（2013）「学士教育におけるグローバル・シティズンシップの

育成 『海外こども事情A』(海外体験学習) の場合」日本グローバル教育学会編『グローバル教育』15 号：58-74 頁。
・藤原孝章他 (2014)「特集 海外研修・スタディツアーと国際理解教育」日本国際理解教育学会編『国際理解教育』明石書店、Vol.20：36-74 頁。
・藤原孝章 (2016)『グローバル教育の内容編成に関する研究――グローバル・シティズンシップの育成をめざして』風間書房。
・子島進・藤原孝章編 (2017)『大学における海外体験学習への挑戦』ナカニシヤ出版。

はじめに

　本書では、自治体と大学が展開するスタディツアーに焦点を当て、その現状と課題について分析する。自治体でのスタディツアーとは、私が顧問を務める政令指定都市である大阪府堺市の外郭団体インターユース堺の「青年育成事業」である。大学でのスタディツアーとは、私が所属する龍谷大学国際学部の国際文化学科で実施する「実践プログラムⅡ」の1つである。そこでは、これまで見過ごされがちであった、ホストとゲストさらには仲介者としてのコーディネーターの相互関係について考察し、今後の自治体と大学が展開するスタディツアーの意義を提示する。

スタディツアーとの出会い

　ところで、本書で紹介するスタディツアー実施地域は、オーストラリア南東部の地方町にある先住民コミュニティとメルボルン市内にある大学に設置された先住民センター、さらには先住民団体などである。18世紀後半からオーストラリア南東部における植民地化は、先住民を迫害と強制のもとにおき、その結果として彼／彼女らは言語をはじめ親族組織など固有の文化の多くを失った。本書で扱うヨルタ・ヨルタ（Yorta Yorta）は、オーストラリア南東部マレー・ゴールバーン地域を中心に生活してきた先住民集団の1つである（地図1）。今日においてもその子孫の多くは、この地域に深い関わりをもっている（ヨルタ・ヨルタに関する詳細については拙著『オーストラリア先住民の土地権と環境管理』（2013）明石書店を参照）。

　私とヨルタ・ヨルタの人びととの最初の出会いは2005年6月である。当時、私は日本の博士課程に入ったばかりで、オーストラリア先住民を研究テーマにするものの先住民コミュニティで調査をした経験

はなかった。そこで、2001年から2003年までのオーストラリア留学中にお世話になったメルボルン大学先住民センター所長であったアボリジナル女性リリーさんをたより、ヨルタ・ヨルタのコミュニティで調査するための便宜を図ってもらった。彼女は、メルボルン大学社会政治学部で教えるヨルタ・ヨルタ男性ウェイン先生を紹介してくれた。

　彼は、1990年代からメルボルン大学をはじめとする学生をヨルタ・ヨルタの本来の土地へ招き、そこで5日間滞在し当事者から歴史や現代的な課題を学べるプログラムを開講していた。それはオン・カントリー・ラーニング（On Country Learning）とよばれ、私はそれに参加することになった。

　メルボルン大学は2004年より、このオン・カントリー・ラーニングを単位履修ができる科目として認め学生に開講している。それは、ヨルタ・ヨルタの歴史や現代の諸問題についてクメラグンジャ・アボリジナル・コミュニティとバルマ森林、および地方町シェパトンとムループナそれぞれに本拠をおく先住民団体の職員から、そして環境問題についてはNGO職員から指導をうける集中コースである。

　このオン・カントリー・ラーニングには、2003年からヨルタ・ヨルタのスペシャル・ゲストが講義に加わっている。たとえば、舞台「ヤナガイ・ヤナガイ」（Yanagi Yanagi）（ヨルタ・ヨルタ語で「私たちの土地からでていけ」という意味）の演出家兼監督であるアンさんがあげられる。彼女はその舞台で、ヨルタ・ヨルタが土地をめぐる正義を回復するための闘争を否定する、白人社会の継続的な圧力を象徴的に描き出した。そうした舞台のいくつかのシーンが実施地域にあり、そうした場所を参加する学生とともに訪れ、ときに1シーンを演じることで、学生たちは土地権という複雑な問題を身近な問題として学ぶことになる。

　あるいは、「ルー・ベネットとスウィート・チークス」というボー

カル・ユニットを結成するルーさんもその例である。彼女もヨルタ・ヨルタ語で作詞作曲をした歌を学生たちと合唱することで、ヨルタ・ヨルタの言葉を学生たちは学ぶことになる。

こうしてヨルタ・ヨルタの各種団体職員や環境NGO職員、多様な分野に進出したヨルタ・ヨルタのスペシャル・ゲストと交流した学生は、コース修了後様々な活動に従事する。そうした学生たちは大学を卒業後も、地方町の新聞記者や国際環境NGOの職員、さらには大学のジャーナリストや教員になり、ヨルタ・ヨルタをはじめとするオーストラリア先住民について国内外へ伝えている。

私が本書で扱うスタディツアーを実施するに至った経緯は、ウェイン先生が展開するオン・カントリー・ラーニングに参加し、そこで学んだ学生たちがその後、こうした経験を各自の分野で生かしている事実を目の当たりにしたからである。このように室内の机上での学習ではない、フィールドで人びとと交流する学びを通して「他者」を理解する教育に、大きな可能性を感じたのである。

現地からの要望

もう1つの理由は、2005年からオーストラリア先住民コミュニティで調査を許されながら、現地住民に対しては論文成果のフィードバックだけしかできず、それで良いのかという疑問があった。実際、フィールドワーク中に出会った先住民の友人からは、日豪の交流をしたいとの要望があった。

たとえば、2001年から2003年の留学中、私はメルボルン市内の先住民資料を扱うクーリィ遺産センターでボランティアをしていたのだが、その時にお世話になった図書館司書でガナイまたはクルナイ（Ganai or Kurunai）の出自を持つトレンさんは、国際交流を切望していた。また、2006年からお世話になるオーストラリア南東部の地方町バルマでヴィクトリア州政府のもとバルマ森林を守るレ

ンジャーをするヨルタ・ヨルタ女性リタさんもそうした国際交流を望んでいた1人であった。

　こうした先住民の個人から国際交流の希望があったものの、それは限られた人からの要望であり、大多数のヨルタ・ヨルタや先住民団体から賛同を得ないままスタディツアーを計画することは困難であった。なぜなら私が当該地域で調査をはじめる際に直面した課題と同類の問題を含んでいたからである。それは倫理的な問題であった。ヨルタ・ヨルタをはじめとする南東部アボリジナルは、外部の者による調査にきわめてナーバスで、なかでも個別の事情を明らかにしようとするいわゆる人類学の調査に対しては、様々な制約を課せられた。それはたとえば、当事者の同意なしに固有名詞の明らかなファミリー・ヒストリーを公にすることや、特定の人びとのインタビュー記事の公開を禁止するだけではない。フィールドワークのつど取得したデータとその内容を当事者に明らかにして了解を得、論文については、その要旨を英文で報告し内容に関する了解を求められた(友永, 2013a)。

スタディツアーのお膳立て

　こうした倫理的な問題を解決するために、2つの方法を実施した。まずは2011年に、先述のトレンさんとリタさんに直接会って、このスタディツアーの計画について打ちあけ、その可能性を伺った。トレンさんはクーリィ遺産センターで受けいれる便宜を図ってくれ、わざわざスタディツアーのためにクロス・カルチャル・オーガナイザーというポジションまで設置したのである。またリタさんからは、ヨルタ・ヨルタの代表団体であるヨルタ・ヨルタ・ネイション・アボリジナル協同組合の理事会でスタディツアー実施のための便宜を図ってもらった。

　2つ目は、訪問する都市と地方町をメルボルン市内、エチューカ

地方町、バルマ地方町、さらにシェパトン地方町に定め、そこにあるヨルタ・ヨルタの代表団体や大学所属の先住民センターを選定し、それらに所属する職員や研究者と打ち合わせをした。選定した機関と大学は以下のとおりである。

　メルボルン市内では、メルボルン大学芸術学部・研究科（Victoria College of Art）にあるウィリン先住民センター（Willin Center：写真1）、ヴィクトリア大学の先住民のために設置されたユニット、ムンダニ・バルク（Moondani Balluk：写真2）、メルボルン博物館の先住民部門バンジャラカ（Bunjilaka：写真3）、ヴィクトリア州の先住民文化の保護と促進を目的とするクーリィ遺産センター（Koorie Heritage Trust：写真4）、アボリジナル・アーティストの講義を聴くためフッツクレイ・コミュニティ・アート・センター（Footscray Community Arts Centre：写真5）を訪れた。

　エチューカ地方町では、ベリンバ・チャイルド・ケア・センター（Berrimba Childcare Centre：写真6）とそのケアセンターの母体となるニュンダ・アボリジナル法人（Njeranda Aboriginal Corporation：写真7）を訪問した。

　バルマ地方町ではバルマ国立公園（Barmah National Park：写真8）、ヴィクトリア州の環境管理を担うパークス・ヴィクトリア（Parks Victoria）の管理下にあるダルニヤ・センター（Dharnya Center：写真9）、1883年にニューサウスウェールズ植民地政府が設置し1983年にヨルタ・ヨルタの先住民コミュニティに返還されたクメラグンジャ・アボリジナル・コミュニティ（Cummeragunga Aboriginal Community：写真10）を訪問した。

　シェパトン地方町ではメルボルン大学を共同スポンサーにもつスポーツと健康に関する先住民教育機関アッシュ（Academy for Sport and Health Education：写真11）と先住民診療センターであるルンバララ・アボリジナル協同組合（Rumbalara Aboriginal Cooperative：

写真 12) を訪れた。

　さいわいなことに、これら先住民団体からは受け入れを拒まれることはなく、むしろ前向きな対応を受けた。こうしてスタディツアーの現地での受け入れ許可をえたものの、私はこれまでと同じく現地社会を見る人類学者という立場に加え、スタディツアーのコーディネーターとしての立場を持つことになった。すなわち私は、現地社会に対して「他者」を見る研究者の立場だけでなく、私が選定した、現地社会に特定の個人を同伴し、そこの先住民団体や個人の物語を通訳する立場すなわち「文化仲介者 (Cultural Broker)」になったのである (Smith, 2001: 276)。

調査する側とされる側

　調査する側とされる側という、いわゆるエスノグラフィーの在り方に対する批判は、1986 年に J.クリフォードの Writing Culture (邦題『文化を書く』) が出版されてから、多くなされてきた。そこでは欧米で生み出された「科学的な」人類学の方法であるエスノグラフィーにもとづき、「客観的に」現地の「事実」を記録し分析することが批判される。それらは、①書き手が意図的に取捨選択をし、②記述自体がレトリックの制約を受け、③調査する側と調査される側の間に非対称的な権力関係があり、④文化人類学という学問が「西洋」の権威を前提にしており、⑤エスノグラフィーが、書き手が誰であり、どのような制約下にいるのかに影響され、⑥民族誌の真実とは、本質的に「部分的真実」であるという批判である (Clifford, 1986：1-26)。

　こうした批判を受けて、現在の人類学者は、「他者」を見るだけでなく、「他者」に見られ、そして、そうした関係性の中にからめとられた自分自身を見つめることになる。すなわち調査者が、何を、どこで、どのような存在として見たのか。それをなぜ、どのように

書くのか。こうした自分自身への問い直しは、「自己再帰性」（self-reflexivity）と言われる。このため現在のエスノグラフィーは、「私は何を知っているのか」だけではなく、それらがもたらされた背景、すなわち「私はどのようにそれを知っているのか」や「それを知っている私は誰か」を明記することが重要となる。さらに、インフォーマントとされる被調査者が積極的な調査参加者であり、そうした被調査者の中にも複数の異なる声が存在している。こうした「多声性」を描き出すことも必要となる（藤田・北村, 2013：18-37）。

このように、J.クリフォードの Writing Culture 以降のエスノグラフィーは、方法論的にも倫理的にも転換を迫られ、人類学者は、被調査者の多様な存在を受け入れることになる。これによりエスノグラフィーは、部分的に、断片的に、不完全にしか見ること、書くことができない「部分的真実」を描き出すのである。

コーディネーターとしての立場

もう一方でスタディツアーのコーディネーターの立場について、これまでに明確に打ち出した研究は限られている。たとえば、「文化帝国主義」（Cultural Imperialism）という考えに注目して、自国の経済力、政治力を背景として、他の地域、異なる文化の人びとにマイナスとなるような、すなわち「自分の学び」だけを前面に出すような振る舞いなどへの批判がなされている。そこでは、ホスト社会の人びとの視点から自分たちの参加を捉えなおす姿勢を身に着けるよう、コーディネーターはスタディツアーを企画・運営する必要があるとするのである（村田, 2018：12）。

このように、本書では、見る側と見られる側の間の非対称的な権力関係を意識しつつ、そうした関係の間を仲介することで企画されるスタディツアーについて、人類学者とコーディネーター両方の立場に立つ私の経験にもとづいて記述分析する。

本書の概要

　本書は、次のような構成をなしている。はじめにでは、スタディツアーを実施するに至った経緯を、私が2005年から継続するオーストラリア南東部の先住民コミュニティでのフィールドワークの経験から明らかにした。
　つづく序章では、なぜスタディツアーのニーズが高まったのかについて観光と関連づけながら述べる。さらにスタディツアーの定義、また、スタディツアーで育成する人材像をめぐる論点をあげ、次いでスタディツアー研究の枠組みについて示す。
　第2章では、私が2012年度から2014年度までコーディネーターとして携わり、2015年度から顧問を務める大阪府堺市の外郭団体インターユース堺が実施する青年に対する「海外派遣事業」について詳述する。
　さらに第3章では、2016年度から私が所属する龍谷大学国際学部で展開する「実践プログラムⅠとⅡ」を概観し、その後「実践プログラムⅡ」の1プログラムである「オーストラリア語学文化研修」について詳述する。
　つづく第4章では、まず自治体と大学におけるスタディツアーの類似点と相違点を示す。さらにそうしたスタディツアーの「ゲスト（参加者）」、「ホスト（受入先）」、「コーディネーター（仲介者）」、それぞれの立場を明らかにし、そこに現れる現状と課題を提示する。
　その後の第5章では、国立民族学博物館が提唱する「フォーラム型情報ミュージアム構想」を説明し、それを構成する3つの主要アクター、すなわち見る側、見られる側、展示する側の視点に注目して、そうした構想をスタディツアーに援用する。これにより、従来のスタディツアーが見る側の立場、すなわち参加者である「ゲスト」の育成などに研究の力点が置かれていたのに対し、これまで見過ご

れがちであった、見られる側である「ホスト」の役割とスタディツアーを介した「ホスト」と「ゲスト」さらには「コーディネーター」との相互関係について考察する。そこでは、「ゲスト」「ホスト」「コーディネーター」という固定化された枠組みに収まらない多様な人びとが、複雑かつ流動的に関与し合うスタディツアーの様相が明らかになる。

最後に終章では、これまで論じてきた事例や、議論を総括し結論を述べる。

なお、本書では先住民[1]と表記する場合は、大陸を中心に生活をするアボリジナルと大陸とトレス海峡を中心に生活をするトレス海峡諸島民を含んだ意味に用い、前者アボリジナルだけを特定するときにはその名称を用いた。また現在、オーストラリアではアボリジニ（Aborigine）という表記が、集団内部の多様性を含まず、さらにその言葉の起源がラテン語でもあるなどの理由で、差別的な意味合いを含んでいるため、公文書では使用されない。その代わりとして、アボリジナル（Aboriginal）という形容詞、アボリジナルの人びと（Aboriginal peoples）、またはアボリジニーズ（Aboriginies）という表記が使われているが、本書では、アボリジナルを用いる。

また、登場人物に関しては、故人は本名で記入し、実存する人物に関しては匿名とした。ただし、引用文献の著者名はこの限りでなく、本名で記述している。

注1　本書では「先住民」を"Indigenous People"の訳語とし、自決権が認められていない集団を意味する。この一方で「先住民族」は"Indigenous Peoples"の訳語で、自決権が認められている集団を意味する。オーストラリア先住民は、憲法で「先住民族」として明文化されていないこともあり、本書では「先住民」を用いる。

写真1 メルボルン大学ウィリン先住民センター

写真2 ヴィクトリア大学ムンダニ・バルク

写真3 メルボルン博物館バンジャラカ

写真4 クーリィ遺産センター

写真5 フッツクレイ・コミュニティ・アート・センター

写真6 ベリンバ・チャイルド・ケア・センター

はじめに

写真7 ニュンダ・アボリジナル法人

写真8 バルマ国立公園

写真9 ダルニヤ・センター

写真10 クメラグンジャ・アボリジナル・コミュニティ

写真11 アッシュ

写真12 ルンバララ・アボリジナル協同組合

序章
スタディツアーとは何か

第1節　スタディツアーのあけぼの

　1960年代から生じた「マスツーリズム」にみるホストとゲスト関係において、観光客を海外から受け入れる貧しい国と豊かな観光客を送り出す国という構図が明らかになった。そこにおける観光開発の主体は外資系事業者であり、こうした主体は「マスツーリズム」から生じる経済的な利益を吸収し、ホストである途上国には経済効果をもたらさなかった。

　そうしたホスト社会では経済効果の問題ばかりか、自然環境の汚染や破壊、地域文化の変容や崩壊という問題も深刻化した。このため、「マスツーリズム」の負の効果が批判され、それに代わる「新しい観光」のあり方が模索され、「オルタナティブ・ツーリズム」という考えがうまれた。

　そこにおいては、観光地と観光の持続可能性を目指すモデルが議論され、観光が、観光地の自然を保護し、「文化」を保全・再構成

することが議論の中心になった。その中心的なモデルが「持続可能な観光」であり、そうした観光は1980年代から、国際観光機構や各国政府、自治体などが推奨し、管理的、統制的なトップ・ダウン型の観光として計画されていった（安村, 2011：30）。

　この一方で、NGOやNPO、さらには自治体や教育機関などの各種団体や個人のニーズに合わせて開催する観光モデルが展開されるようになる。そうした観光は「スペシャル・インタレスト・ツーリズム」とよばれ、「持続可能な観光」に対して、ボトム・アップ型の観光と位置づけられる（同掲：30）。この「スペシャル・インタレスト・ツーリズム」の1つに、スタディツアーがあげられる。

第2節　スタディツアーの定義と求める人材

　藤原は、国際理解教育の文脈からスタディツアーを「NGO（国際交流・協力の市民団体）、大学・学校、自治体、宗教団体などが、組織的かつ継続的に、相互理解や体験学習を目的として行うツアー」と定義づけている。さらに、その内容を「観光のみならず、現地事情やNGOによる活動などの学習、現地の団体や人びととの双方向的な交流、参加者自らの参加、体験、協力などが可能なプログラムを持ったツアー」とする。また、「事前事後の学習やふりかえり、現地で見聞し、交流し、体験するなかで得る学びの共有やふりかえりがなされることによって、自己の実存的な変容とそのプロセスを伴うツアーであり、それによって、他者および自他の地域への貢献・還元が生じ、グローバル社会の課題と展望、支え合いを生み出していく教育活動」としている（藤原, 2014：36）。

　こうしたスタディツアーにおける人材育成には2つの人材像が争点になる。1つは経済のグローバル化に対応した「グローバル人材」(Global Talent)である。もう1つはグローバルな視点からの市民性

(Global Citizenship) の育成である。

　前者は日本経済団体連合（経団連）や政府のグローバル人材育成推進会議で提唱された産業界のグローバル化に対応した人材、グローバル化に伴う海外業務の中核を担う人材である。そこでは、①語学力・コミュニケーション能力、②社会人に求められる汎用的な資質・態度、③異文化理解と日本人としてのアイデンティティが3大要素となる。一方で後者は、UNESCOに代表される地球市民教育（Global Citizenship Education）が前提であり、平和、人権、民主主義、寛容性、持続的発展などの知識、スキル、価値観、態度の育成を目的とする。これにより身近な地域のレベルから国際レベルまで、多様なレベルでの持続可能な世界の構築に貢献するグローバル市民の育成を目指す（子島・藤原, 2017：17-18）。

　このため、スタディツアーにはこうした2つの育成する人材像がせめぎ合っており、これらのせめぎ合いを意識しつつ、その間のバランスをとることが求められている。すなわち、スタディツアーでは、企業が求める「グローバル人材」（Global Talent）としてのスキルだけでなく、幅広い文脈において個人が機能できる能力を持つ「地球市民」（Global Citizen）の育成も同時に必要となる（村田, 2018：4-5）。

　本書は、スタディツアーで育成する人材をグローバル人材と地球市民の双方とするが、とりわけ地球市民の育成に重点をおく。次にスタディツアー研究の枠組みについて示す。

第3節　スタディツアー研究の枠組み

　藤原（2014：37-38）はスタディツアーに関する研究方法として、①スタディツアーが成立するためのコンテンツに関する研究、②参加者の学びのあり方と変容に関する研究、③ゲストとホストの相互関係に関する研究、④企画運営主体が研修運営をする際の課題を提

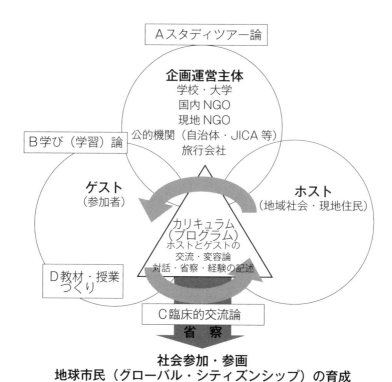

序図1　国際理解教育から見た海外研修・スタディツアー（藤原，2014: 39）

示している（序図1参照）。

　そうした研究方法の中で、従来のスタディツアーをめぐる研究は、ゲストの立場と企画運営主体の立場に関する参加者の変容過程やその具体的な育成方法に力点がおかれていた（子島・藤原，2017）。このためホストである地域社会や現地住民の役割、さらにスタディツアーを介したゲストとホストの相互変容に関する研究は限られており、こうしたゲストとホストの相互変容を促す企画運営主体の役割

についても考察が必要となる。

第4節 「ホスト／ゲスト」論の再検討

　ところで「ホスト」と「ゲスト」の相互変容や、そうした両者を結ぶ仲介者の関係については、観光人類学の分野において議論が展開されている。その提唱者として知られているのが、V.スミスである。彼は1977年に Host and Guest: The Anthropology of Tourism（第2版は1989年出版、邦題は『観光・リゾート開発の人類学——ホスト＆ゲスト論で見る地域文化の対応』、1991年）を刊行し、そこで複数の人類学者が世界各地で「ホスト」と「ゲスト」の経済的、社会的、文化的な関わりを調査・研究した論文をまとめた（Smith, 1977）。

　スミスはそれまで人類学者が捉えていた観光客に対する蔑視、すなわち観光客は地元にマイナスな存在であり、人類学者が実施するフィールドにおける伝統文化の研究を阻害するものとする視点を払拭し、「ゲスト」と「ホスト」の関係を研究した。具体的には、先進国の観光客が、途上国の住民に対して示す優越的な態度や現地住民を経済的に搾取するといった負の側面に注目し、経済的、社会的、文化的な関わりを理論的・実証的に考察した。

　これにより、観光が「ゲスト」である観光客主導の行動ではなく、必然的に現地住民の意向が反映する現象で、「ホスト」と「ゲスト」の相互の共同作業により形成されるものであると提示したのである。

　ただし、当時のスミスらの研究では「ホスト」と「ゲスト」のみを中心に捉えたため、その後スミスは、観光客送り出し地域と観光地である受入地域を結ぶ「仲介者」にまで研究の対象を拡大した。こうした「ゲスト」、「ホスト」とを結ぶ「ブローカー」をスミスは「文化仲介者」（Cultural Broker）と呼び、これら3者による観光システムを提案した（Smith, 2001: 276）。

こうした「ゲスト」、「ホスト」そして「ブローカー」の相互関係に注目した研究は大きく2つの系譜に分けられる（須永, 2012：71-84；田中, 2016：133-148）。第1は、観光によって対象社会の「伝統文化」が、負の影響を受けると見なすのではなく、むしろ観光によって文化が創造され、変化するという、いわゆる文化の動態を捉えた視点である。たとえば山下は、バリの事例を取り上げ、観光が伝統文化を消失させるのではなく、むしろ創造するために役立っていることを明らかにした（山下, 1996）。

　第2は、上記の観光による文化の創造性が、観光に内包される不均衡な力関係を見落としかねないとし、そうした観光における絶対的な権力関係に抗って人びとが自らの存在の承認を求めて主体的に実践するという視点である。太田はこうした実践を日本のエスニック観光にもとづき、そこで自らのアイデンティティを交渉する主体的なホストの役割を論じる、いわゆる「文化の客体化」論を提唱した（太田, 1993）。

　こうした文化の創造と文化の主体性を系譜とする「ホスト／ゲスト」論に対しては、多くの批判が寄せられている。

　石野は、観光にもとづく文化の創造性と主体性を強調する論に対して、現地住民を、均質で一元的な存在の「ホスト」として扱っていることに警戒を鳴らしている。さらに、そうした主体的で創造的な「ホスト」がいたとしても、彼／彼女らは常にそうした存在ではないと批判する。すなわち、「ホスト／ゲスト」論が「ホスト」や「ゲスト」をきわめて一元的に描き、その内面の多様性に注目せず、そうしたアクターを観光するべき主体として固定化してきたと非難したのである（石野, 2017: 52-53）。

　そのうえで、観光人類学が対象としてきたのが、観光により経済的、社会的、文化的インパクトを受ける「地域社会」であって、「人」ではなかったとし、多様な人びとが複雑かつ流動的に関与したり、

しなかったりする「観光」の様相を明らかにする必要性を問うている（同掲：53）。

また田中は、「ホスト」と「ゲスト」さらに「文化仲介者」との関係に注目して、自分が直接関与した中国における日系旅行会社での経験から、そうした各アクターを固定的な枠組みで捉えることができないことを明らかにしている。そこでは、旅行会社の役割を「ホスト」と「ゲスト」の間を調整する「文化仲介者」ではなく、現場とのネットワークを構築する「エイジェント」に言い換え、「ホスト／ゲスト」論の限界と、ブローカーの新たな役割を示している（田中, 2016: 133-148）。

こうした「ホスト／ゲスト」論に対する批判的な視点にもとづくスタディツアーを考察した研究はいまだ限られている。たとえば小長谷は、自身が理事を務めるモンゴルに設置されたNPO主催の「フィールドスタディ」に注目し、人類学者と参加者の役割の異同を示し、「ゲスト」と「ホスト」が求める関係性から「フィールドスタディ」の意味を問うている（小長谷, 2007）。また、村田とマルチェッラは、自身が企画したイタリアでの現地学生に日本の留学生が日本語を教え、さらに共同で現地社会でのフィールドワークを実施するスタディツアーから、「ゲスト」と「ホスト」が求めるニーズの違いを明らかにしている（村田・マルチェッラ, 2018：126-139）。

こうした先行研究は、「ホスト」と「ゲスト」さらに「文化仲介者」における権力関係や各アクターの主体的な実践、さらにはそこに生成されるスタディツアーの新たな側面を提示している。しかし、そうした研究のアプローチはいまだ各アクターを「ホスト」「ゲスト」「文化仲介者」というカテゴリーにとどめている。

これらの先行研究によりながら、本書ではスタディツアーを「ホスト」「ゲスト」「文化仲介者」の3者の相互作用によるものとするが、そうしたアクターを固定化せず、多様な人びとが複雑かつ流動

的に関与したり、しなかったりするスタディツアーについて論じる。

　このようにスタディツアーを捉えると、「フォーラム型博物館」として「見る側」「見られる側」「展示する側」という3アクターに注目する国立民族学博物館のコンセプトは、スタディツアーにも援用できるものと思われる（吉田 , 2008；2013；2018；岸上 , 2014；伊藤 , 2008）。すなわち、そうした役割の担い手とは「ゲスト」（参加者）としての「見る側」、その参加者に「見られる側」としての「ホスト」（現地社会・現地住民）、そして「ゲスト」と「ホスト」を結ぶ「展示する側」としての「コーディネーター」（文化仲介者）である。

　ただし、こうした相互関係を捉えるさいに、「ホスト」と「ゲスト」そして「コーディネーター」を固定化された役割に位置づけて均質化せず、それぞれのアクターが日常もつ複雑で流動的な存在であることを前提とする。そのうえで、「ゲスト」と「ホスト」の相互関係、「コーディネーター」の役割に注目し、スタディツアーの現状と課題を明らかにする。次章とそれにつづく第3章では、これまで私が携わってきた自治体と大学におけるスタディツアーを事例に取り上げる。

第2章

政令指定都市での
スタディツアー

　私は、2012年度から2014年度まで大阪府堺市の外郭団体インターユース堺（International Youth Sakai）から委託を受け、3年間の契約で堺市在住の15歳から30歳までの青年とオーストラリア南東部の先住民コミュニティを訪れるスタディツアーを企画した。ここでは、インターユース堺のスタディツアーについて詳述する。

第1節　政令指定都市のスタディツアー概況

　堺市は政令指定都市に指定されているが、こうした政令指定都市で青少年による国際交流事業を展開する都市は、全国においていくつか散見される。たとえば、2013年度に内閣府の発信する「自分の街の国際交流」事業から、インターユース堺が抜粋して行った聞き取り調査によると、青少年による国際交流事業の数は全国にある政令指定都市20市のうちで11市33事業にのぼる。その内28事業すなわち約85パーセントが、派遣対象国が姉妹都市もしくは友好

表 2.1 政令指定都市スタディツアー実施状況
　　　　はインターユース堺の実施状況

青少年による国際交流事業数	全国 11 市 33 事業（内 28 事業は、派遣対象国が姉妹都市もしくは友好協力都市）
事業主体	市直営 13 事業　外部団体との共催 7 事業　外部団体主催 13 事業
事業に対する市の負担割合	100％25 事業　50〜100％未満 3 事業　50％未満 5 事業
事業予算総計	1000 万円以上 4 事業　500 万円〜1000 万円未満 9 事業　500 万円未満 20 事業
参加負担金	20 万円以上 7 事業　10〜20 万円未満 9 事業　10 万円未満 15 事業
参加者資格	特定団体の所属者 6 事業　小中高大の学生限定 23 事業　一般青年（15〜35 歳まで）4 事業
事前研修実施回数	1〜3 回 20 事業　4〜9 回 9 事業　10 回以上 2 事業
事後活動	報告会と報告誌発行 22 事業　報告会と報告誌発行及びその他 3 回以上 3 事業

協力都市であった（表2.1）。

第 2 節　インターユース堺のスタディツアー

　インターユース堺のスタディツアーは 1985 年に「国連世界青年年」を受けて発足した堺市の補助を受ける外郭団体国際青年年（International Youth Year）として発足した。そこでの主要テーマは「参加・開発・平和・人権」であった。この団体は他の政令指定都市における 33 事業の中でも 5 番目に長い歴史がある。その目的は「海外派遣事業や人権啓発事業への参加、交流会や社会貢献事業など、

各種事業を青年主体で展開することで、青年に社会参加の場を設け、活動を通して交流や連帯を図り、平和や人権が尊重される社会の実現に貢献できる、人権意識と国際感覚を身に着けた青年の育成」である（インターユース堺, 2013）。

本事業は市との共催で開催されており、たとえば2012年度の市からの負担割合は約86パーセントの829万7000円、参加負担金が1人5万7000円であった。また、参加者人数制限は12人でその資格は市内在住の15歳（高校生以上）から30歳である。事前研修は11回、現地10泊、事後活動17回となっている。この事業の特徴は、他市スタディツアーに比べると事前、事後の研修が充実していることと、3年ごとに訪問国や地域が変わることにある。

しかし、こうした体制になるのは2006年以降で、それまでは1年ごとに訪問国が変更されていた（表2.2）。これが3年ごとに変更となったのは、単年では限定的な取り組みしかできず、そうした取り組みのマンネリ化した報告会を改善したかったからだとあるスタッフはいう。その3年間で心がけられるのが、1年目が実態調査、

表2.2　国際青年年とインターユース堺のスタディツアー開催国の詳細

1985年〜2004年（国際青年年）
（訪問国または地域は1年度に交代）
ヨーロッパ（6回）　北米（4回）　オセアニア（2回）　南アジア（1回）　東アジア（4回）　東南アジア（3回）
2005年（国際青年年からインターユース堺へ名称を変更）
アジア（スリランカ）
2006〜2014年
（訪問国や地域を1年度から3年度に交代）
マレーシア　マーシャル諸島　オーストラリア

2年目は前年度の実態調査にもとづく分析、最終年度では、当該地域への貢献活動となっており、そこで扱われるテーマは、人権、戦争、平和、環境、福祉、教育と多岐にわたっている。

（1） インターユース堺の役員体制

2012年度からのインターユース堺の役員体制は大きく分けて6つで構成されている。まずは①会長が1人で堺市人権推進協議会に所属している。次いで②副会長が民間から2人で、クボタさかいユニオンと大阪堺YMCAからそれぞれ1人ずつ選出される。さらに③会計1人と会計監査が2人で、それぞれが国際青年年とインターユース堺の団員経験者である。また、④事務局長1人と事務局次長3人である。事務局長1人と事務局次長1人は部落解放同盟大阪府連合会堺支部に所属しており、⑤のこり2人の事務局次長は堺市市民人権局人権部の人権推進課に所属する。最後に⑥学識経験者としての顧問が設置され、2015年度から現在まで私が務めている。また、会則によれば役員は総会において選任され、任期は1年で再任をさまたげないとある。

この他にスタディツアーを国内から支援する事務局員が配置されており、人数は5人から12人と年度によって異なる。その事務局員の属性は主に3つから成る。まずは①堺市教育委員会の地域教育支援部地域教育振興課と学校教育部人権教育課、そして②堺市市民人権局の人権部人権推進課、さらに③国際青年年とインターユース堺の団員経験者である。

組織としての授業方針・目的・目標に関してはすでに述べたが、加えて安全管理・危機管理を担うことも役員として重要である。このため2013年度の『安全管理・危機管理マニュアル』では、日本アイラック株式会社クライシス・ソリューション事業部からの講演を参考に①「法律上のリスク対応」、②「被災型リスク対応」、③

「情勢変化型リスク対応」、④「緊急時対応」と4つを策定している。こうして各々の役員が、有機的に結びつくことで国内と現地との時間的、空間的な隙間を埋める役割を担っている。次に、オーストラリアでのスタディツアーについて詳述する。

第3節　インターユース堺のオーストラリア・スタディツアー

　オーストラリアでの海外派遣事業のタイトルは、「先住民族と自然の関係に学ぶ、歴史認識とその継承支援」である。本事業は、これまでの異なる国や地域で実施されてきたインターユース堺のスタディツアーの中でも、特異なケースである。その理由は、従来のスタディツアーでは、現地のNGOやNPOにプログラムの多くを委託してきたのに対して、オーストラリアでのスタディツアーは、私が個人で全てのコーディネートを任されたからだ。

　オーストラリアが選定された理由の1つに、近年の応募者数の低下があげられる。たとえば前々回のマレーシアと前回のマーシャル諸島は、定員12人に対して1年目を除けば、応募者数が1人ないしは2人の欠員をだす状況であった。そこで世界的に知名度があり、安全かつ住みやすい都市が選定された。メルボルン市は世界の住みやすい都市ランキングで、常に上位に選ばれており、世界各国から多くの移民、観光客をひきつけている[1]。このこともあってか、オーストラリアのスタディツアーでの応募者数は、2012年度が20人、2013年度が25人、2014年度が23人と定員数に対して12年度が1.7倍、13年度が2.1倍、14年度が1.9倍であった。

　各年度の団員の内訳は、2012年度が高校生2人（女性）、大学生と専門学校生8人（女性4人、男性4人）、大学院生1人（女性）、社会人1人（女性）であった。2013年度は全員が女性でその内訳は、

高校生3人、大学生6人、社会人3人であった。2014年度は高校生が4人（女性4人）、大学生と専門学校生が6人（女性5人、男性1人）、社会人が2人（女性1人、男性1人）であった。次に、スタディツアーの主題、事前研修、現地研修、事後研修を概観し、そこでの要点を記述・分析する。

今回のスタディツアーでは、オーストラリア南東部における先住民アボリジナル集団の1つヨルタ・ヨルタに関する歴史認識について、調査し、学び、その学んだ事柄を日本国内で発信し、団員の力でできる社会貢献を実施することが、主たるテーマに位置づけられた。そこでの大きな柱は次の3点である。

1つは、現地の先住民当事者団体との相互理解を深めるためのプログラムである。そこでは、①活動内容の検証、②関係組織や活動団体との交流、③関係組織や活動団体との間の共通理解を深め、支援内容を具体化することが求められた。

2つ目は、「自然」「歴史」「健康」をテーマとする次世代継承支援に関するプログラムである。①「自然」では、人間と自然との共存の在り方に関する現地での意見交換が求められる。②「歴史」テーマでは、歴史的建造物、博物館、現地先住民組織、先住民個人との交流や意見交換を通じ、継承方法などを理解することが求められる。③「健康」に関しては、健康管理・医療施設との交流から、先住民の抱える問題を理解することがあげられる。

最後の3つ目は、堺市における啓発活動に関するプログラムである。そこでは①活動記録の作成、②オーストラリアと日本、双方の課題を明確化し、啓発活動に取り組む、③得た知識や経験を青年同士で共有し、周囲へ発信することが求められる。

このような主テーマにもとづき、事前の計画的な学習と事後の啓発活動がセットとなりスタディツアーが構成されている（表2.3参照）。

（1）スタディツアーの事前研修

インターユース堺は事前研修として90分の研修を11回、12人の団員たちに課している。そこで扱われるテーマは①世界の人権の流れ、②堺市の人権施策について、③全3回のオーストラリアに関するワークショップ（私が担当。2回は1泊2日の合宿での研修）、④現地で扱う個人テーマの決定、⑤同和問題、⑥女性の社会進出に関する問題、⑦日本の先住民アイヌ民族問題、である。

写真2.1 筆者による事前学習　写真2.2 合宿の様子　写真2.3 アイヌ民族の事前学習

ここでの重点課題は、まず団員同士の良好な関係構築を図ることである。このため、12人の団員は「広報」「啓発」「編集」と3つの班に分けられる。「広報」班は、活動紹介を含めた啓発用写真パネルの企画・作成をする。「啓発」班は、プロジェクトの現地啓発用の具体的な企画・作成・編集を取り仕切る。「編集」班は、「海外派遣報告書」の企画・編集・出版のために活動する。ついで、各団員たちが現地で学ぶテーマを設定することである。

学びのポイントにはインターユース堺の事務局が旧同和地区に建設された人権ふれあいセンター内にあることから、部落（同和）問題の学習を当事者から学べるところにある。さらに、私の要望で、現在大阪府に在住するアイヌ当事者の女性で、伝統的文化を現代の文脈に読み替えて、先住民と非先住民へ伝えることを目的とす

る、ミナミナの会の創設者を講師とし、アイヌ当事者から学ぶことができる。また、出前講座や1泊2日の合宿が組まれており、必然的にOBやOGと交流することが求められる。このため、団員たちは、すでにスタディツアーを経験した先輩たちから直接、有益な情報を聞き、学ぶことができる。こうした事前研修をおえ、出発の数日前に団員たちが堺市長を表敬し決意表明をすると、10日間の現地スタディツアーに臨むことになる。

　事前研修のうちで、私はオーストラリアに関するワークショップ3回を担当した。そこで重点的に伝えたポイントは4点である。

　まず、先住民イメージの転換を促すことであった。そこでは、これまで団員たちが持っているイメージを列挙させ、次いで統計資料などを用いて先住民の75％以上が大都市とその近郊に居住していることを伝える。さらに、こうした都市部にすむ先住民の68.7％（メルボルンとシドニーでは、それぞれ91.2％）以上が非先住民をパートナーとしていることを伝える（Peterson, 2003）。これにより団員たちのイメージに表れる、「肌の色が黒い」「狩猟、採集をし、カンガルーや虫などを主とする伝統的食生活を維持している」というステレオタイプが崩れていく。すなわち一見「白人」としか見えない人びとが、実は先住民の出自を有することを学ぶのである。

　2つ目は、先住民の多様性について学ぶことである。18世紀後半に植民地化が開始する以前では、先住民社会に250以上の言語集団があり、その内の100言語以上が日本語と英語ほどに異なる言語から成り立っていたことを理解する。さらに、現在はこうした言語の多様性は北部の先住民集団に限られるが、先述したようにパートナーを非先住民として持つカップルが多くなり、そうしたカップルの間で生まれる子どもたちが多民族なルーツの出自を有していることを学ぶ。この傾向は、1970年代以降にそれまでオーストラリアがアングロ・ケルト系移民を中心とする白豪主義政策により成り

立っていたことから決別し、多文化主義政策へ転換したのちに、増加していることを学ぶ。また、先住民当事者が自らを「アボリジニ」と単数名詞で呼ばれることを好まず、「アボリジニーズ」や「アボリジナル」、もしくは「アボリジナルピープルズ」と複数名詞で呼ばれることを好むことを指摘する。このため、今日のオーストラリアでの公文書ではAborigineとは表記せず、Aboriginesと表記される（友永, 2013 b）。

　3つ目は、1880年代から1970年代まで、先住民の子どもなかでも比較的肌の色が白い子ども50万人以上を文明化するために親元から引き離し、「白人」の「教育」を受けさせた歴史、すなわち「盗まれた世代」(Stolen Generations) に関する歴史とその現状について、私の友人の物語から学ぶ。そうした当事者と接して学ぶことの意義について、2008年に当時の労働党首相ケビン・ラッドが述べた公式謝罪を事例に団員たちが考えることになる（友永, 2008）。

　最後は、土地権獲得運動と環境に関する現代的なテーマについて理解する。1970年代に法制度化されたアボリジナル土地権（北部準州）法1976（Aboriginal Land Rights (Northern Territory) Act1976（cth））[2]は、裁判で伝統的な生活の継承が立証されると、そこに住むアボリジナル集団はトラディショナル・オーナー、すなわち伝統的土地所有者として土地の自治権が与えられる（友永, 2013 a）。

　こうした伝統的土地所有者が自主運営・管理するいくつかのアボリジナル・コミュニティにおいて暴力の問題が2000年ごろから明らかにされた。とりわけ2007年の連邦政府の委託により調査委員会が立ち上げられ、その調査委員会から提出されたレポートでは、子どもに対する暴力問題を抱えるアボリジナル・コミュニティについての報告がされている。これを受けて連邦政府は強制的介入の必要性を法的に正当化し、2007年6月21日にアボリジナル問題省と会合し、アボリジナル・コミュニティ内の子ども虐待の

状況を改善するための声明を提出した。これにより、少なくとも11の勧告が出され[3]、その幾つかが人口100人以上の64の居住地（township）に対して実施された。これはノーザンテリトリー国家緊急対応法（Northern Territory National Emergency Response Act）といわれ、それは2011年まで継続された（飯島, 2010; 松山, 2011; 塩原, 2013）。2012年からは北部準州のより良い未来のための法（Stronger Futures in the Northern Territory (Consequential and Transitional Provisions) Act 2012）に名称を変更し、緊急対応法を引き継いでいる。こうした法の管理下におかれるコミュニティの多くは、「伝統指向型の生活」を維持する北部準州の先住民集団に顕著である。

　一方で、ヴィクトリア州やニューサウスウェールズ州の先住民集団は、1920年代ごろから、継続的に土地権の管理運営を各州政府に対して交渉し、1990年代後半からは土地を利用する際の交渉の権利が認められてきた。この権利の獲得は先述のアボリジナル土地権（北部準州）法1976でいう自治権（1980年代に一部は承認された）ではなくて、1993年に制定された先住権原法1993（連邦法）（Native Title Act 1993(Cth)）[4]を活用したもので、それは「伝統指向型の生活」を維持できない都市部の先住民集団にも適用された。裁判では先住権原が承認されないケースが多いものの、原告と被告の間で独自の土地利用のための協定が締結されると、そうしたアボリジナル集団と原告との間で「共同管理協定」が締結される。

　この結果、生存権を保障するはずの土地の返還が、北部準州の多くのアボリジナル・コミュニティにおいては、そのメンバーが生活苦や暴力に直面し、かえって生存権が脅かされているのである。反対に、都市の先住民集団の中には長い間、政府や自治体、企業などと土地利用のための交渉を継続し、自らの伝統的知識を再考し、雇用や教育の機会をオーストラリア社会と共同で探ってきた。これにより、生存権が保障されるケースも見られる（友永, 2013a）。

こうした事前研修を修了し、現地で調査するテーマを決定して、オーストラリア・スタディツアーの本番が始まる。ちなみに団員たちが事前に決定したテーマは次のとおりである。

　2012年度が先住民の食文化（2人）、オーストラリアの環境問題（2人）、先住民のスポーツと人権（1人）、若者文化（1人）、移民（1人）、女性の社会進出（1人）、アボリジナルの健康問題（1人）、アボリジナル・アート（1人）、文化と民族（1人）、先住民と土地（1人）であった。

　2013年度のテーマは、先住民とスポーツ（1人）、アボリジナル音楽（1人）、オーストラリアの環境問題（1人）、先住民と宗教（1人）、先住民の若者と差別（1人）、先住民と食（1人）、アボリジナルの言語（1人）、アボリジナルの健康と医療（1人）、日豪の歴史比較（2人）、日豪のつながり（1人）、先住民と自立（1人）であった。

　2014年度は、アボリジナル・ダンス（1人）、アボリジナル音楽（2人）、アボリジナル・アート（1人）、アボリジナルの言葉（1人）、先住民とスポーツ（1人）、共生（2人）、日豪の文化伝承（1人）、平和（1人）、先住民教育（1人）、アイデンティティ（1人）というテーマであった。

（2）オーストラリア南東部スタディツアー

　2012年度、2013年度、2014年度とも訪問先は同じであるが、訪問の日時が祝日やホスト側の予定もあり入れ替わった場所もある（表2-4参照）。また、先住民コミュニティには訪れるが各家庭でのホームステイはできず、近辺のホテルに宿泊するスタディツアーである。訪問地は、メルボルン市、エチューカ地方町、シェパトン地方町、バルマ地方町である（地図1参照）。

　メルボルン市内ではメルボルン大学芸術学部・研究科にあるウィリン先住民センター（Willin Center）、ヴィクトリア大学の先住民

ユニットのムンダニ・バルク（Moondani Balluk）、ヴィクトリア州の先住民文化全般を扱うクーリィ遺産センター（Koorie Heritage Trust）、メルボルン博物館の先住民部門バンジャラカ（Bunjilaka）を訪れた。さらに、2013年度からは博物館学芸員としてクーリィ遺産センターで働いたのち現在は独立してアボリジナル・アーティストとして活躍する女性マリーさんの講義を聴くためフッツクレイ・コミュニティ・アート・センター（Footscray Community Arts Centre）を訪れた。

エチューカ地方町では、ベリンバ・チャイルド・ケア・センター（Berrimba Childcare Centre）、ニュンダ・アボリジナル法人（Njeranda Aboriginal Corporation Medical Center）を訪問した。

バルマ地方町ではバルマ国立公園（Barmah National Park）、パークス・ヴィクトリア（Parks Victoria）、ダルニヤ・センター（Dharnya Center）、クメラグンジャ・アボリジナル・コミュニティ（Cummeragunga Aboriginal Community）を訪問した。

シェパトン地方町ではメルボルン大学を共同スポンサーに持つスポーツと健康に関する先住民教育機関アッシュ（アッシュ: Academy for Sport and Health Education）と先住民診療センターであるルンバララ・アボリジナル協同組合（Rumbalara Aboriginal Cooperative）を訪れた。

こうした先住民代表組織を訪れ先住民当事者と交流を深める団員たちは、講義、見学、体験、交流さらには復習を通して、事前学習の際に決定したテーマにもとづく質問を投げかけ、必要と思われる箇所は写真を撮り、限られた時間で最大限に記録することに努める。

　a　2012年度のスタディツアー

2012年度のスタディツアーは、8月16日から8月25日までの9泊10日であった。初日は堺市市役所に集まり、バスで関西国際空港へ向かった。そしてキャセイ・パシフィック航空で香港とアデ

レードを経由しメルボルンに向かった。

8月17日(金)はメルボルンに到着してすぐにメルボルン大学ウィリン・センターを訪問し、当時そこのセンター長であったデボラさんと講師のテリクさんから当センターの沿革、現在の取り組みと今後の展望など講話いただいた。デボラさんは自身が3歳の時にアボリジナルの両親から引き離され、そののちに白人の両親に育てられる。そこで、ソプラノ歌手として頭角を現し、さらにオペラを学ぶために海外に留学した。彼女は30歳の時に生みの母親との再会を果たしたが、そうした彼女の「盗まれた世代」としての物語をもとにつくられたオペラ、「ピーカン・サマー（Pecan Summer）」についてその一部のシーンを紹介しての講話は、当事者ならではの説得力があった。また、彼女はこのオペラに出演する先住民の若者たちをオーストラリア全土から募集し、採用した若者たちをオペラに出演させ将来はオペラ歌手や芸術分野で活躍できるようトレーニングするプログラムについて紹介した。

写真2.4 ウィリン先住民センター

テリクさんからは、父親が世界的にも有名なアボリジナル・アーティストのリン・オナスであることもあり、父の有名な葛飾北斎の浮世絵にヒントを得て描かれた「アーバン・ディンゴ（Urban Dingo）」の話に始まり、現在彼が取り組んでいる先住民アーティスト

写真2.5 ウィリン先住民センターでの現地学習

写真2.6 クーリィ遺産センター

写真2.7 クーリィ遺産センターでの現地学習

を発掘するプロジェクト、さらにはオペラと先住民の口頭伝承には、「語る」という行為において親和性があることなどの話をうかがった。

　8月18日（土）は、メルボルン市内観光のあと、メルボルン博物館を見学した。残念なことに、先住民セクションのバンジャラカはリニューアルオープンのため閉鎖されていた。次に、私が2001年から2003年までラ・トローブ大学在学中にボランティアをしていたクーリィ遺産センターを訪れ、そこで図書館司書およびクロス・カルチャル・オーガナイザーをつとめるトレンさんからセンターの沿革、現状、課題、展望についての講話をしていただいた。その講話は、ヴィクトリア州の先住民が植民地化の圧力にさらされる以前の生活に不可欠なバスケットや有袋類ポッサムの毛皮コートなどのレプリカや実物を交えてのものであった。

　8月19日（日）は、メルボルン市内から約300キロ離れたエチューカ地方町へ移動して、その周辺に集住する先住民集団の1つヨルタ・ヨルタのコミュニティでのスタディツアーに備えることになった。途中、バララットのユーリカ砦の丘記念公園とウエンダリーレイクを訪れ、その後ベンディゴにてゴールドフィールドの視察とトーキングトラムに乗車した。さらに中国系の移民について扱ったドラゴン博物館を視察し、そこで1850年代に発見された金鉱山の歴史と

第 2 章　政令指定都市でのスタディツアー

写真 2.8　蒸気船に乗船

写真 2.9 ニュンダ・アボリジナル
　　　　法人

写真 2.10 ベリンバ・チャイルド・
　　　　　ケア・センター

　ヨーロッパ系移民と中国系移民の接触と抵抗、オーストラリア連邦国家成立の歴史について学んだ。最後に、エチューカ港に向かい、パドルスチーマー（蒸気船）に乗船して夕食をとった。この蒸気船は、植民地期の 1850 年代から 1940 年代まで羊毛の原材料を本国イギリスへ輸送する際の主要手段であった。そうした植民地期の遺産である蒸気船を現在は観光アトラクションとして利用するコロニアル・ツーリズムを体感した。

　8 月 20 日（月）は、エチューカ地方町に 1970 年代に設置されたニュンダ・アボリジナル法人と、この法人を母体とするベリンバ・チャイルド・ケア・センターを訪問した。ここは、地元のアボリジ

ナルが1970年代に結束し、ウォーマという組織を立ち上げたのが始まりで、アボリジナルに対する一般的な内科診療や母子保健、アルコールや薬物依存に対する診療カウンセリングのほか、乳幼児保育も実施している。職員のジャッキーさんからは、こうした設立の経緯や取り組みに加え、センターが存在する歴史的な意義についても伺った。植民地化以前の狩猟採集中心の生活は、入植者による開発や土地の略奪によりできなくなり、ヨルタ・ヨルタは小麦、砂糖、紅茶といった配給物の代わりに過酷な労働に従事することで生計を立てていかざるを得なくなった。そこに入植者から持ち込まれたアルコールや薬物に逃避するものが出てくる。このため、ニュンダ・アボリジナル法人のような医療センターはオーストラリア全土に設置されている。

　また、ベリンバ・チャイルド・ケア・センターはニュンダ・アボリジナル法人が手掛ける現地の先住民の子どもたちへのサービスで、そこでは6カ月から5歳までの乳幼児、そして長期の休みには6歳から12歳までの小学生までをケアしている。まず、園長のベティーさんから施設の説明を受けた。その後この地域のキャンパスピー自治体の職員で先住民文化教育の講師を務めるロッキーさんからは、当地域の先住民ヨルタ・ヨルタに関する伝統的な生活様式について伺った。

写真2.11 ベリンバ・チャイルド・ケア・センターでの現地学習

　午後からは、バルマ森林に出向き、そこでヴィクトリア州の公園を管理する部署パークス・ヴィクトリアで先住民レンジャーをするボイドさんとトレバーさんから森林の管理や監督の現状について伺った。具体的

には 2009 年に当該地域の国立公園化が決定し、2010 年にはヨルタ・ヨルタが当地でのトラディショナル・オーナーであることを承認する協定がヴィクトリア州政府との間で締結された。

写真 2.12 先住民レンジャーによる現地学習

これにより公園内での経済活動の禁止や、農耕・牧畜への規制、狩猟や漁労行為の規制が実現し、その管理・監督を担うのが、パークスレンジャーであるとの説明を受けた。

　8月21日（火）は、エチューカから 70 キロほど離れたシェパトンを訪れ、まずはルンバララ・アボリジナル協同組合を訪れた。ここでは内科や小児科の診療の他に、歯科診療、母子保健、アルコールや薬物依存に対する診療カウンセリングの取り組み、さらには救急診療も実施しており、フィットネスの取り組みもされている。

　また施設内には、この施設を設立するための活動を起こした先駆者の記念碑や、施設の建設以前にヴィクトリア州政府により 1950 年代に建設された福祉施設の実物がそのまま保管されており、資料館として利用されている。午前中に当館の職員から講話を聴き、お昼は本施設の広場でカンガルーの肉を使ったバーベキューを食べた。その昼食の間に、ヨルタ・ヨルタ・ネイション・アボリジナル協同組合の職員であるローさんとゴールバーン河流域保護局の職員でヨルタ・ヨルタ・ネイション・アボリジナル協同組合の理事でもあるビ

写真 2.13 ルンバララ・アボリジナル協同組合

写真 2.14 アッシュ

写真 2.15 アッシュでの現地学習

ルさんから、バルマ森林とマレー河の環境保全について学んだ。その具体的な方法とは、情報地理システム（GIS）を使ったデジタル地図に、ヨルタ・ヨルタが3世代を遡って森と川を利用してきた記憶を記録する試みである。そうした試みは現在、ヨルタ・ヨルタ・ネイション・アボリジナル協同組合とメルボルン郊外にあるモナッシュ大学、さらにはアメリカのブラウン大学との協働で実施されている。

　午後は、メルボルン大学を共同スポンサーにもちスポーツと健康を通じて青少年の健康と教育の促進に取り組んでいるアッシュを訪れた。オーストラリアでも様々な事情で学校に通えなくなり、学校からドロップアウトをしていく青年がいるが、アボリジナルはいまだにその率が一般より高い。そのことが雇用の機会に恵まれない等の失業率の上昇となり、経済的不安定を生むといった悪循環となっている。このため、アッシュではメルボルン大学の協力を受け、そうした青年たちが健康や教育に対する意欲を保ちやすいように、スポーツを通じて教育と健康への取り組みを、一人ひとりの状況に合わせて実施している。

　また、非先住民講師フィンさんは、一方的に知識を詰め込む教育ではなく、希望者には各種の資格や技術、たとえば准看護師やアート・アドバイザー、さらには先住民リエゾン・オフィサーなどの資

写真 2.16 キングス・フィッシャーのエコクルーズ

格を取得できるような支援も行っているという。

その後、市外に設置されたルンバララ・アボリジナル協同組合が自営管理するスポーツ球戯場を見学した。

8月22日（水）は、再びバルマ森林へ戻り、まずはこの森林に生息する動植物について小型平底のボートに乗船して学ぶことができるキングス・フィッシャーのエコクルーズ（Kings Fisher River Cruise）を体験した。ここでは非先住民の女性がボートを操作しながら、当該地域の自然環境に関して説明する。たとえば川の管理をニューサウスウエールズ州とヴィクトリア州の両政府がしていること、釣りをする際には両州から発行されるライセンスが必要になること、2010年まで10年間つづいた大干ばつの時期を経て、逆に今日、大洪水が森林を襲っている現状についての説明があった。

その後、森林に隣接する先住民コミュニティ、クメラグンジャ・アボリジナル・コミュニティを訪れ、そこにあるヴァイニー・モーガン・メディカル・サービス（Viny Morgan Aboriginal Medical Service）に立ち寄った。ここは、1883年にニューサウスウェールズ植民地政府により設立されたリザーブで、そこをヨルタ・ヨルタは長きにわたる闘争によって1983年に州政府より返還を勝ち取り、このため未だに地域の人たちの結束力が強く保たれている。また、訪問した際にあまり人影を見なかったので、センターの所長で

創設者ヴァイニーの長女であるアニスさんにその理由を聞いてみると、先日にコミュニティで重要な人物が亡くなり、皆が喪に服し外出を控えているとのことであった。

このように地域のつながりの深いコミュニティにあるモーガン診療所では、週に2回近隣の町にあるエチューカとナタリアからドクターが訪れ、またコミュニティに住む先住民の准看護師が1人待機しているとのことである。

アボリジナル社会では、敬意を表す意味から、人びとが気安く呼ぶようなところに故人の名前を使わない風習があるが、ここでは創設者ヴァイニー・モーガンが、コミュニティに欠かせない存在であったため創設者の名前が使われている。この診療所でもニュンダやルンバララの診療所と同じく、特に現在のアボリジナルにとって重要課題となっている疾病について、食生活の近代化や生活環境の変化に起因する、糖尿病や心臓疾患などの成人病が多く、その対策が不可欠であることが強調された。

一般的に診療所の受診率は、近代医療に懐疑的な人もおり、ヨーロッパ系オーストラリア人と比べると少ないとのことであった。そのため、モーガンとニュンダそしてルンバララのいずれの診療所でも、待合室にはアボリジナル・アートを掲げ、精神的な癒しや帰属意識による安心感が得られるよう配慮し、また州政府との交渉により補助や寄付を得ることで、受診料の無料化をはかり受診率の向上に努めていた。

写真2.17 ヴァイニー・モーガン・メディカル・サービスでの現地学習

8月23日（木）は、再びバルマ森林公園を訪れ、今回はパークスレン

第 2 章　政令指定都市でのスタディツアー

写真 2.18 ダルニヤ・センター

写真 2.19 ダルニヤ・センターでの現地学習

ジャーの打ち合わせの時間にかち合わさったため、森の中をブッシュウォークすることになった。そこで、近年に実施されている火付けによる森林の管理など、森林の管理方法について伺った。さらに、1980 年代に先住民の文化伝承のために設立されたダルニヤ・センターを外から眺めた。当センターは 2007 年 5 月から、シロアリによる建物被害のために閉鎖されており、建て替え費用捻出のための募金活動を行っている。このため、団として可能な範囲での募金をした。

　この日の夕食後に団員たちが集まって、それぞれの「個人テーマ」に関する進捗状況について発表した。

　8 月 24 日（金）は地方町を離れメルボルン市内に戻る日である。ホテルに戻る前に郊外にあるヴィクトリア大学のムンダニ・バルク先住民センターを訪問し、そこで講師をするベッカさんにお話を伺った。そこでは先住民学生を中心にその歴史や文化について学ぶだけでなく、雇用機会の拡大やその地位向上などのための取り組みについて伺った。さらに、ヨーロッパ人などとの通婚率の高い都市部では、一見すると「アボリジナル

写真 2.20 ムンダニ・バルク

ではないのでは？」と思えるような外見の人が多くおり、そのことで自分の生まれ育った土地を離れて暮らすアボリジナルには、そうした土地とのつながりが小さくなり、自らのアイデンティティに苦しむ個人もいる。そのような都会で暮らし、アボリジナル・コミュニティに属することのできないアボリジナルは、非先住民との互いの文化を尊重しつつ、失われつつある文化の継承に努めている。

　こうした先住民当事者や教育機関、医療機関、さらにはコミュニティを訪問し研修の全行程を修了した後、ヴィクトリア・マーケットをはじめ、メルボルンの中心業務地（CBD）のショッピングを楽しんで、帰国の途に就いた。25日は香港で一泊して翌26日に関西国際空港に到着し、各自解散となった。

b　2013年度のスタディツアー

　2013年度のスタディツアーは前年度と同様に8月16日から26日まで9泊10日であった。

　8月17日（土）はメルボルン博物館の先住民セクションであるバンジャラカを見学する予定であったが、前年同様にリニューアル準備のため閉館中であった。このため約6億年前に現れたゴンドワ

写真2.21　フッツクレイ・コミュニティ・アート・センター

写真2.22　フッツクレイ・コミュニティ・アート・センターでの現地学習

ナ大陸時の恐竜の化石や固有の動植物を見学し、またヴィクトリア州とりわけメルボルン市内の成り立ちについて見学した。

8月18日（日）は、フッツクレイ・コミュニティ・アート・センターを訪問し、先住民アーティストであり学芸員でもあるマリーさんから、自身のアートに関する講話を受けた。彼女は、アボリジナルの伝統文化や芸術の伝承のみならず、盗まれた世代などの史実の啓発を芸術の分野から行いながら、国内外の各地において講演活動もしている。

その後、そのままエチューカまで、300キロほど北上し、夕食を含むパドルスチーマー蒸気船に乗船して当地域の植民地期を学ぶコロニアル・ツーリズムを体験した。

8月19日（月）は、エチューカ地方町にてベリンバ・チャイルド・ケア・センターを訪れ、昨年同様に園長のベティーさんから施設の説明を受けた。その後先住民文化教育の講師を務めるロッキーさんからは、当地域の先住民ヨルタの伝統的な生活様式について落ち木を摩擦させることで火をおこす実演や、彼／彼女らの日常に欠かせない狩猟・漁労・採集に使う道具について、実物とレプリカを使っての説明を受けた。その後、およそ幼児15人に対して、団員たちが準備をしたソーラン節を披露した。

写真2.23 ベリンバ・チャイルド・ケア・センターでの現地学習

写真2.24 ベリンバ・チャイルド・ケア・センターにてソーラン節を披露

写真 2.25 ニュンダ・アボリジナル法人での現地学習

　午後は、ニュンダ・アボリジナル法人の中にある、先住民医療サービスを訪れ、当センター職員のジャッキーさんから昨年同様に、一般的な内科診療や母子保健、アルコールや薬物依存に対する診療カウンセリングさらには歯科診療などの取り組みについて伺った。
　この夕刻から、団員の1人が風邪をこじらせて、エチューカの地方病院で診察を受けたところ外出禁止となった。こうした、リスクの対応として添乗員とインターユース堺会長があたることになった。
　8月20日(火)は、バルマ森林を訪問し、昨年、館内には入れなかった、ヨルタ・ヨルタの文化の伝承を目的に設置されたダルニヤ・センターを訪れた。そこでは、レンジャーであるリタさんとリンダさんが当センターの歴史や植民地以前のヨルタ・ヨルタ集団の生活について民具の実物にもとづいた説明、さらにはバルマ森林の固有の動植物などについて話を伺った。
　その後、センターの外で、ホテルから持ってきた、リンゴとチップスそしてマフィンで昼食を済ませ、再びセンターの中でヨルタ・ヨルタの若者ジャックさんとリリーさんによるアボリジナル・ダンスのワークショップに参加した。終了間際には団員たちが準備したソーラン節を披露した。最後にリタさんの姉で、ヴァイニー・モーガン・メディカル・サービスの所長であるアニスさんからバスケット編み物ワークショップを受けて、団員たちはそれぞれにコース

第 2 章　政令指定都市でのスタディツアー

写真 2.26　ダルニヤ・センターでの　写真 2.27　ダルニヤ・センターで
　　ダンス・ワークショップ　　　　　　の編み物ワークショップ

ターを作成し一日が終了した。

　8月21日（水）は、エチューカから70キロ南下したところのシェパトンへ下り、そこにあるスポーツを通じて青少年の健康と教育の促進に取り組んでいるアッシュを訪れた。昨年までは非先住民講師フィンさんによるお話を聞くだけであったが、今年は学生と同じ机を共有して授業を受けた。まず、1階でヨルタ・ヨルタ集団のリーダーで、当アカデミーで講師をするアリさんからアッシュの歴史と役割について話を聞いた。その後、準備していたソーラン節を披露した団員たちは、アッシュの学生に自己紹介をして、フィンさんがあらかじめ準備していたクイズに答える授業を受けた。お昼はカンガルー肉のサンドウィッチ、すしなどの昼食をインターユース堺の団員とアッシュの学生たちが一緒に食べ、相互の緊張がほぐれ交流を深めた。

　午後からは、隣接する球戯場で、この地域のアボリジナル集団の伝統的なスポーツについて学び、なかでもオーストラリアン・フットボールの原型とも言われる当地域アボリジナル集団の伝統的なスポーツであるマングロックで団員のみでのチーム対抗戦をした。このスポーツは、従来ポッサム（クスクス科の有袋類）の毛皮でできたボールを使用したが、今回はプラスチック製のボールを使用した。

写真2.28 アッシュでの現地学習　　写真2.29 アッシュでのスポーツ・アクティビティ

　8月22日(木)は、再びバルマ森林に向かい、昨年同様にキングス・フィッシャーのエコクルーズで、川から様々な鳥や植物を観察した。その後、一気に約300キロ南下し、メルボルン市内のクーリィ遺産センターを訪問し、昨年同様にトレンさんから、植民地化以降に喪失しつつあるヴィクトリア州全土の先住民の文化復興や修復の活動について当時の生活用具を使っての講義を受けた。

　8月23日（金）は、午前中にメルボルン大学ウィリン先住民センターを訪問し、アボリジナルの歴史について文化・芸術をとおして啓発活動をする、デボラさんとテリクさんから学んだ。特に、デボラさんからは、昨年と同様に自らの「盗まれた世代」としての経験について自作した「ピーカン・サマー」の一部を見せていただき、その映像や話に心打たれて涙する団員たちもいた。

　その後、チャイナタウンで中華料理を食べた後、ヴィクトリア大学のムンダニ・バルクを訪れた。そこで、当センター所長のアンさんから、センターの活動について伺った。今年度は昨年に講師を務めたベッカさんが妊娠し、産前休業のため会うことが叶わなかったが、アンさんからセンターの学生養成プログラムと社会貢献のための活動について詳しい話を伺った。

写真 2.30　ムーンダニ・バルクでの現地学習

　8月24日(土)はメルボルン滞在日の最終日で、午前中はクイーン・ヴィクトリア・マーケット、聖パトリック協会、さらにはキャプテン・クックの家を訪れた。昼食はライゴン・ストリートでイタリア料理を食べ、その後、セント・キルダ・ビーチにあるルナ・パーク遊園地を訪れてメルボルンを後にした。ちなみに本年は昨年と違い、毎回の夕食後にミーティングをして進捗状況を共有するとともに翌日のスケジュールを確認した。これにより翌日に訪れる訪問地の講師に対して、どの団員が質問したらよいか等、順番を決定することができ、昨年に比べて時間を有効かつ効果的に使うことができた。

　8月25日に団員たちは香港で一泊した後26日に帰国した。私は、研究のためそのままメルボルンに残り、再びシェパトンとエチューカ、そしてバルマ森林へ赴き、そこを流れるマレー河さらにはゴールバーン河にて、日本からきた研究者と合流して水質の調査を実施した。

c　2014年度のスタディツアー

　2014年度のスタディツアーは堺市からの予算が縮小されたため8月16日から25日まで8泊10日の日程で行われた。本年が、インターユース堺によるオーストラリアでのスタディツアー最終年度である。

8月16日（土）の夕刻に関空を出発し、翌日（日）の早朝、メルボルンに到着した。この日は昨年と同様にフッツクレイ・コミュニティ・アート・センターを訪問し、アートをとおして次世代に先住民のことを伝承するマリーさんから講義を受けた。彼女の作品は、メルボルンの町中を走るトラムや電車さらには道路やポールにも描かれている。今年度はこれらに加えて、オーストラリア国内やイタリア、オランダなどの博物館や美術館などで実施された展示についてもお話を伺った。その中でも有名な作品は、本年からリニューアルオープンしたメルボルン博物館のバンジャラカ先住民セクションに展示されている、カンガルーの歯と足の腱でつくられたネックレスと、故人を弔う際に身につけられた「コピ・キャップ（Kopi Mourning Cap）」という帽子である。そうした展示品について多数の写真を用いての講話を受けた。

写真2.31 フッツクレイ・コミュニティ・アート・センターでの現地学習

　8月18日（月）はクーリィ遺産センターとメルボルン博物館を見学した。当センターでは、昨年同様にクロス・カルチャル・オーガナイザーであるトレンさんから、植民地化以降に喪失しつつあるヴィクトリア州全土の先住民の文化復興や修復の活動について詳しく伺った。そこでは、アボリジナルが植民地化以前に用いた道具、とりわけポッサムの毛皮を纏いエミューに偽装した狩猟方法を実物

を使って体験した。昨年と異なった点は、今年度で建物の移転が決定したことである。これにより、メルボルン中心業務地区（CBD）の北西にあるキングス・ストリートに設置された当センターは、来年度からCBDの中心にあるスワンストン・ストリート・ステーション真向かいのフェデレーション・スクエアへ移ることになった。

　午後からは、メルボルン大学のウィリン先住民センターに向かい、デボラさんから「ピーカン・サマー」について昨年同様にお話しいただいた。彼女は「アボリジナルがオペラに向いている」といい、その理由をアボリジナルが文化を口頭伝承してきたことに求めている。また、テリクさんからは、森林を現代の図書館に例えて、先祖が森を歩きながら所々にある木に刻まれたサインなどを読み解くことで、生活の知恵を学び、そうした知識を伝承してきたことを語った。メルボルン大学を後にして、そのまま300キロ離れたエチューカ地方町へ専用バスで向かった。

写真2.32　ウィリン先住民センターでの現地学習

　8月19日（火）は、エチューカから70キロ南下したところのシェパトンへ下り、そこにあるアッシュを訪れた。昨年から学生と同じ机で授業を受け、当教育施設の職員だけでなく学生たちとも交流を深めていたため、本年も昨年同様に授業を受けることができた。

　まず、10キロほど離れたところにある、先住民のスポーツ施設ル

ンバララ球戯場まで移動し、そこで、職員アリさんから当該施設の歴史や現状について学んだ。とりわけ、彼は様々な理由で地域の学校をドロップアウトした学生たちに、スポーツを通してもう一度自信を取り戻してもらえるよう、日々の教育に携わっていること、何よりも「学生の安全場所」の確保を中心に考え、傷つけられた自尊感情の回復に努めていることを伺った。地域の小学校から高校など、積極的に交流を図ることで、先住民の文化を学生にも地域にも伝えているとのことであった。また、学校の職員として解決できないことに対しては、先住民の長となるエルダーと相談をしながら問題解決に取り組んでいるとのことであった。

　そうした環境の中で巣立った学生の何人かは、現在スタッフとして、次世代の学生の心に寄り添う活動を中心に続けるという。セリナさんはまさにそうした元学生の1人で、アッシュのスタッフとして働いていた。

写真2.33　アッシュでの現地学習

　球戯場を後にしてアッシュに戻った団員たちは、まずいくつかのグループにアッシュの学生たちと一緒に分かれ、そこで各人が自己紹介をした。その後、準備していた出し物を学生たちに披露した。それは去年のソーラン節ではなく、現代の日本のアイドル・グループAKB48の"I want you！〜"でおなじみの『ヘビーローテーション』であった。この踊りのために、団員たちは男女問わずに、女子

高生の制服を着用して踊った。このダンスがアッシュの学生たちとの距離を縮め、アンコールの呼びかけに答え、アッシュの学生たちも一緒にダンスをした。

写真2.34 アッシュでの現地学習

写真2.35 アッシュにて『ヘビーローテーション』を披露

お昼はカンガルー肉のサンドウィッチ、すしなどが盛られた昼食をインターユース堺の団員とアッシュの学生たちが一緒に食べた。午後は、隣接する球戯場で、昨年同様に、先住民の伝統的なスポーツ、マングロックのチーム対抗戦をした。

写真2.36 アッシュでのスポーツ・アクティビティ

写真2.37 アッシュでのスポーツ・アクティビティ

8月20日（水）は、バルマ森林を訪問し、ヨルタ・ヨルタの文化の伝承を目的に設置されたダルニヤ・センターを訪れた。そこでは、昨年同様にレンジャーであるリタさんとリンダさんが当センターの歴史や植民地以前のヨルタ・ヨルタの暮らしやバルマ森林の固有の動植物について、実物の民具や動植物の標本を用いての説明を受け

た。その後、センターの外で、ヨルタ・ヨルタの若者ジャックさんとリリーさんからアボリジナル・ダンスのワークショップを受けた。ダンスのワークショップ終了後は、アニスさんの編み物ワークショップを受けて、団員たちはそれぞれに好みのコースターを作成し一日が終了した。

写真2.38 ダルニヤ・センターでのダンス・ワークショップ　　写真2.39 ダルニヤ・センターでの編み物ワークショップ

　8月21日（木）は、エチューカ地方町にてベリンバ・チャイルド・ケア・センターを訪れ、昨年同様に園長のベティーさんと先住民文化教育の講師を務めるロッキーさんから、保育園の概要、当地域の先住民に関する伝統的な生活について実物の道具を使った説明を受けた。その後、ロッキーさんの娘で、保育士をするメリンダさんから、本年度から始まったブッシュキンダーについてまとめたYouTubeを見ての説明を受けた。ブッシュキンダーとは、従来の室内での保育ではなく、屋外での保育である。具体的にはエチューカ地方町の中心を流れるキャンパスピー川に沿って生い茂るユーカリの木レッドガムの森林におもむき、そこで植民地化以前の先住民がどのように生活をしていたのか、またどのような遊びをしていたのかなどについて学ぶプログラムである。最後に、乳幼児に対して、団員たちが用意したAKB48の『ヘビーローテーション』を披露した。

第2章　政令指定都市でのスタディツアー

写真 2.40 ベリンバ・チャイルド・ケア・センターにて『ヘビーローテーション』の披露

その後、隣接するニュンダ・アボリジナル法人の医療センターを見学し、そこで理事及びプロテスタント系の牧師をつとめるジョーさんに、内科診療や母子保健、アルコールや薬物依存に対する診療カウンセリングさらには歯科診療などの取り組みについて伺った。

写真 2.41 ニュンダ・アボリジナル法人での現地学習

午後からは、再び約70キロ南下したシェパトンに下り、一昨年に訪問した、ルンバララ・アボリジナル協同組合を訪問した。そこで、レオさんから当コーポレーションの取り組みについて、また自身の生い立ちについてのお話を伺った。

写真 2.42 ルンバララ・アボリジナル協同組合での現地学習

　この日の夕食後に団員たちが集まって、それぞれの「個人テーマ」に関する進捗状況について発表し一日を終えた。昨年の毎回の夕食後のミーティングを一昨年度の１回のみにしたのは、会議室の貸室代の費用をおさえたことと、夕食の合間に団員たちが情報を共有できたためである。

　８月22日（金）は、エチューカからメルボルン市内へ長距離移動した。ホテルには向かわずに、ヴィクトリア大学のムンダニ・バルク・アボリジナル・センターを訪れた。そこで、当センター所長アンさん、一昨年にお世話になったベッカさん、そして日本に訪問したことがあり、息子が東京に在住するオーストラリア男性が私たちを迎え入れてくれた。そこでは、当センターの学生養成プログラムと社会貢献のための活動などについて伺ったのちに、ベッカさんから、文化は常に変化していくものであり、受け継がれてきたものを現代風にアレンジして多くの人にわかりやすく先住民文化について理解してもらうことが重要であることを伺った。

　さらに、イギリスの植民地政策により、公用語を英語にされた都市とその近郊に住むアボリジナルは自らの言語を喪失してしまったこと、しかし今日、英語を使って少数民族の言語の研究が行われ、

第2章　政令指定都市でのスタディツアー

写真 2.43 ムーンダニ・バルクでの現地学習

こうした言語が消滅せずに記録されていること、すなわち、外国の言葉が先住民の言葉の保持に貢献してきたことについても学んだ。

　8月23日（土）は、早朝にヴィクトリア・マーケットやメルボルンの中心業務地区（CBD）にある QV というショッピング・モールを訪れた。その後、日本料理店で久しぶりの日本食を食べ、昼食後は戦争慰霊碑を訪れて、オーストラリア国家の建国神話、とりわけオーストラリア・ニュージーランド軍団（ANZAC）へのトルコ・ガリポリでの戦いや戦争の悲惨さについて学んだ。その後、メルボルン博物館にて2年間の工事を経てリニューアルオープンしたバンジャラカ先住民展示場を中心に、ヴィクトリア州の先住民について

写真 2.44 メルボルン博物館バンジャラカのモリーさんの作品

写真 2.45 メルボルン博物館バンジャラカでの現地学習

67

深く学んだ。特に、スタディツアー初日の講師であったマリーさんの作品を間近に見ることができ、これまでの復習としても良い機会となった。

最後に、移民博物館に立ち寄り、先住民の歴史や文化のみでなく、1970年代からオーストラリアが舵を切った多文化・多民族社会の歴史や現状についても学んだ。

24日（日）は、早朝からダンデノン丘陵を訪れ、そこを走るパッフィンビリーの蒸気機関車の客室から足を乗り出して乗車する観光を楽しんだ。さらに、ヒールズビル鳥獣保護区にてオーストラリアの固有動物である有袋類を中心に見学した。その後、市内へ戻り、真夜中に日本へ出発する便を待つ間、トラムカー・レストランにてメルボルン最後の晩餐を楽しんだ。「トラムカー」とは、メルボルンを都市開発していく時代に使われていた路面電車を模したもので、今も市内を走っている。今回は、その車中で夕食をいただくこととなり、市内の夜景を眺めながら優雅に夕食を堪能した。その後、一行はメルボルン・タラマリン国際空港へ向かい3年目で最後となるスタディツアーが終了した。ちなみに私は、昨年と同じく研究のためそのままメルボルンに残り、今年度はシェパトンとエチューカそしてバルマ森林へ赴き、そこでの補足調査を実施した。

写真2.46 パッフィンビリーの蒸気機関車　写真2.47 コロニアル・トラムカー・レストラン

（3）スタディツアーの事後研修

　スタディツアー終了後、団員たちは収集したアンケート調査や写真を交換し合い、報告書に載せるレポートの作成と堺市への報告会の必要原稿の作成に取り掛かる。その傍ら、展示パネル作成や報告書作成などを同時にすすめる。そうして収集したデータや展示パネルは、堺市庁舎での最終報告会や近隣の小・中・高等学校そして市民団体、さらには大学での出前講座や市民フェスティバルなどで披露される。

　加えて、社会貢献としてクリスマス時に5歳以下の子どもがいる家庭に、サンタクロースの格好でプレゼントを贈る、ヤングサンタと呼ばれる社会貢献事業を実施し、修了となる。さらに、次期団員が決定すると、自らのスタディツアー経験を報告し、新しい団員の世話をすることも求められる。

　また、3年間継続したスタディツアーの集大成として、インターユース堺は団員を受け入れてもらったお礼としてホスト社会との間でその感謝の意を示すプログラムを共同で実施することが求められる。このため、今回のオーストラリアのスタディツアーでは、2013年度からお世話になった先住民女性アーティストであるマリーさんとインターユース堺の団員たちとで共同の絵を作成することになった。マリーさんには、事前にデザインをお願いしたが、この絵画が最終的には出来上がらなかった。

　その後の共同作業については、私が龍谷大学の教員に就任してから2016年にスタディツアーを再開するまで進展はなかった。結局この作業は2017年10月に私が主催者として龍谷大学にて開催したインターナショナル・ワークショップ（*Rethinking Interaction Between Indigenous Knowledge and Modern Knowledge*）において結実した（Tomonaga & Park, 2017）。それは、マリーさんの家族の重要な

写真 2.48 マリーさんと彼女の親戚の作品

模様や地図を裏地に刻んだ、ポッサムの毛皮で作成された子ども用のコートと彼女の親戚のアボリジナル男性が描いた5枚の抽象画であった。

第4節　小括

　この章では、まず政令指定都市のスタディツアーの現状について概観した後、特に堺市の外郭団体であるインターユース堺が2012年度から2014年度まで実施したオーストラリア南東部での取り組みについて注目した。そこではインターユース堺の役員体制と規則、事前・現地・事後の学習について詳述した。つづく第3章では、龍谷大学にて私が2016年度から従事するスタディツアーについて詳述する。

付記

　2015年度以降のインターユース堺海外派遣授業は、堺市市長選挙など行政的な影響もあり、予算が大幅に削減された。たとえば、2015年度と2016年度はコーディネーターと現地NGOによる『モ

ンゴル国スタディツアー：交流から知るモンゴル国』を実施した。堺市からの予算額は両年度で約660万円に削減され、参加者の負担金は73,000円に増額され、スタディツアーの期間も3年間から2年間へと縮小した。このこともあり、各年度の応募者数は、2015年度が9人、16年度が11人といずれも12人の募集人数を下回った。また、予算の減額に対応して、引率職員の数をそれまでの2人から1人へ減らし、前述の通り参加者の負担金を増額した[5]。

　このように、自治体におけるスタディツアーは、その年度ごとに決定される予算額に大きく影響を受け、行政側の体制に強く左右される。また、このスタディツアーに応募できるのが、堺市在住の15歳（中学生を除く）から30歳までの若者に限られている。こうした募集者に対する限定条件も今後は見直すことが求められるであろう。2018年度以降は、年齢制限の条件が15歳から32歳までの青年に拡大された。1985年から30年以上も継続してきたインターユース堺スタディツアーは、その存続を考えると、大きな過渡期に差し掛かっている。

注

1　http://www.invest.vic.gov.au/jp/why-melbourne/the-worlds-most-liveable-city　2018年9月11日閲覧
2　この法の正式名はAboriginal Land Rights（Northern Territory）Act 1976（Cth）である。⑴この法に規定される土地所有者とは土地について精神的な帰属意識を持ち、アボリジナルの伝統にしたがって、その土地の全域に渡って遊動する資格を持つ者である。ここにいう「アボリジナルの伝統」に関しては、アボリジナルまたはアボリジナルのコミュニティないしグループが持つ伝承、儀礼、慣習、信仰であり、それらの根幹が人や場所、土地、事物あるいは親族関係の中で機能しているものと定義される。したがって、Rightsの中にはこれらの儀礼、慣習、信仰などが含まれる。⑵認定されたアボリジナル・ランド

については永続性、すなわちアボリジナル・ランドは無条件に世襲地として保有される財産であり、譲渡できない土地となる。(3)新設機関として集団的所有権を保持する機関であるアボリジナル・ランド・トラスト（Aboriginal Land Trust）の設置と伝統的土地所有者の確定とそれらの調停のためのアボリジナル・ランド・カウンシル（Aboriginal Land Council）が設置された。後者のランド・カウンシルには中部ランド・カウンシル（1978）、北部ランド・カウンシル（1978）、ティーウィ・ランド・カウンシル（1978）、アニディリヤクワ・ランド・カウンシル（1991）がある。そして、このランド・トラストとランド・カウンシルの決定には、伝統的土地所有者の同意を得なければならない。その他この法には(4)鉱山開発や(5)ロイヤリティなどの規定がある。

3　勧告には次の主だったものがある。①禁酒、②金銭の使い方の指導と児童福祉の改善、③生活保護費の使い道を制限する「収入管理制度（Income management）」を導入。これは、「社会実験」として、全国一律の社会福祉制度から、「問題が集積する地域（多くは先住民と非英語系民の割合が高い地域）に特別な施策を講じるという改革である。今後、「失業による生活保護費の依存が１つの生き方になっている」地域における人びとの「自立」を促すための制度で、現在この制度の適用範囲が拡大している。④子どもが学校に通えるための援助金と無料昼食の支援、⑤子どもに対する健康診断の強制、⑥連邦政府規定の補償付き５年間リースにもとづく自治管理（タウン・シップ）、⑦警察官の数の増加による治安維持、⑧「失業手当のための労働（work for the dole）」制度を通じて地域の美化や修繕、⑨ポルノへのアクセスの禁止、⑩コミュニティへ入るための許可書の廃止、⑪規定されたコミュニティ管理者の再編によるコミュニティ運営・管理の改善、である。

4　この法の正式名はNative Title Act 1993 (Cth)である。この法には、先住民が彼らの法と慣習にもとづいて伝統的に関わってきた特定の土地または水域に関する権利と利害という定義がなされている。権利と利害には狩猟、採集、漁労の権利が入る。またこの法にもとづいて、(1)先住権原申請の受付、審査、決定に必要な調査ならびに重複審査などの調停をする国家先住権原審判所（National Native Title Tribunal）、(2)回復した土地の運用に必要な資金の貸し出しをする国家アボリジナルおよびトレス海峡諸島民のための基金（National Aboriginal Torres

Strait Islander Foundation)。(3) 申請準備、申請手続きの援助ならびに確定後の保証を受けるための援助をするアボリジナルおよびトレス海峡諸島民の代表機関（Representative Aboriginal Torres Strait Islander Body）がある。申請ができる対象地にはタイトルが確定されていない土地または水域がある。

5　こうした傾向は、2017年度からはじまった『台湾島スタディツアー』にも見受けられる。たとえば団員たちの負担金が8万円にまで増額されたことがあげられる。ただし、台湾のプログラムは私の時と同じで、1人のコーディネーターがそのすべてを企画・運営した。彼女は台湾の原住民族の1グループのルーツを持ち、日本に長らく留学しており、プログラムを円滑に進めている。

表 2.3　インターユース堺の海外派遣事業詳細

1．プログラム名	海外派遣事業「先住民族と自然の関係に学ぶ、歴史認識とその継承支援」
2．派遣地域・受入機関・時期	メルボルンにある大学、先住民代表機関、オーストラリア南東部の地方町にある先住民代表機関、先住民医療機関、先住民教育機関 時期：8月中旬から（約10日間）
3．プログラムタイプ	交流・調査・体験を重視（講義・見学・体験・交流・インタビュー・アンケート）
4．目標と概要	【目標】オーストラリア南東部における先住民アボリジナル集団の1つヨルタ・ヨルタに関する歴史認識について、調査し、学び、その学んだ事柄を日本国内で発信し、団員の力でできる社会貢献を実施する。 【概要】1つ目は、現地の先住民当事者団体との相互理解を深めるためのプログラムである。そこでは、①活動内容の検証、②関係組織や活動団体との交流、③関係組織や活動団体との間の共通理解を深め、支援内容を具体化することが求められた。 　2つ目は、「自然」「歴史」「健康」に関する次世代継承支援に関するプログラムである。それは「自然」「歴史」「健康」を主テーマに据え、①「自然」では、人間と自然との共存の在り方に関する現地での意見交換が求められる。②「歴史」テーマでは、歴史的建造物、博物館、現地先住民組織、先住民個人との交流や意見交換を通じ、伝承方法などを理解することが求められる。③「健康」に関しては、健康管理・医療施設との交流から、先住民の抱える問題を理解することがあげられる。 　最後の3つ目は、堺市における啓発活動に関するプログラムである。そこでは①活動記録の作成、②オーストラリアと日本、双方の課題を明確化し、啓発活動に取り組む、③得た知識や経験を青年同士で共有し、周囲へ発信する。
5．対象学生の特色	堺市在住15歳から30歳までの青年（2018年度以降、15歳から32歳までの青年）。事前に参加申込書、論文を提出、それらの「文章力」「意欲」を中心に第1次選考、「人権・平和・社会貢献」「事前と事後の研修への参加」「活動意欲」「資質適正」にもとづく第2次選考、第1次・2次の選考を総合評価し決定。　　　　　　定員12人
6．関わった教職員	会長、副会長、事務局長、事務局次長、コーディネーター、旅行会社添乗員（各1人）
7．プログラム概要	事前研修： 【全11回】人権問題（世界の人権、同和問題、女性の社会進出、アイヌ民族、堺市の人権施策など）・国際問題・貢献活動・訪問地・個人テーマなどについての研修をし、学習を深め、平和や人権が尊重される社会の実現に貢献できる人権意識と国際感覚を身につける。 研修期間中： ①【講義】事前研修11回、現地研修8回 ②【見学】事前研修3回、現地研修4回 ③【体験】事前研修1回、現地研修6回 ④【交流】事前研修1回、現地研修4回 ⑤【振り返り】現地研修2回から6回、事後研修17回（全員参加は不必要）

	事後研修：海外派遣報告集会、市民の集い報告、海外派遣パネル展、海外派遣報告集発行、人権啓発活動、出前講座、ヤングサンタ
8．評価方法と基準	事前学習への参加、事前の研究テーマ決定、フィールドワーク中の記録（映像、写真、インタビューのメモ、文字化資料など）、事後の最終成果発表会とパネル展示、事後の社会活動
9．研修後の成長のためのフォローアップの方法	・SNSでグループを作り、参加学生がつながる環境を提供。 ・一対一での個人面談。 ・次年度の参加予定学生に対するグループ・オリエンテーションへの招待とそこでの体験の発表機会の創出。 ・スタディツアー参加団員が次年度からの事務局員として参画。
10．実施上の留意点	現地でのフィールドワーク実施のための倫理規定に対する事前指導。安全管理・危機管理マニュアルにもとづき事前に引率者、コーディネーター、添乗員などに確認。

表2.4　インターユース堺　海外派遣事業　行程表

月　日	2012年旅程	2013年旅程	2014年旅程
8月16日	飛行機移動	飛行機移動	飛行機移動
8月17日	メルボルン到着 メルボルン大学	メルボルン到着 メルボルン博物館、バスにてメルボルン市内視察	メルボルン到着 クーリィ遺産センター、メルボルン大学（ウィリン）
8月18日	メルボルン： バスにてメルボルン市内視察およびメルボルン博物館（バンジャラカ） クーリィ遺産センター	メルボルン： フッツクレイコミュニティセンター バスでエチューカへ移動 ユーレカ博物館 エチューカ港パドルスチーマー乗船	メルボルン： フッツクレイコミュニティセンター バスでエチューカへ移動 エチューカ港パドルスチーマー乗船
8月19日	バスにてエチューカへ移動 ユーリカ砦の丘記念公園、ウエンダリー・レイク ゴールドフィールド視察、トーキングトラム乗車、ドラゴン博物館視察、エチューカ港パドルスチーマー乗船	エチューカ： 先住民医療施設（ニュンダ）、先住民保育所（ベリンバ）	シェパトン： スポーツと健康に関する先住民教育機関（アッシュ）、スポーツワークショップ

8月20日	エチューカ： 先住民医療施設（ニュンダ）先住民保育所（ベリンバ） バルマ国立公園： 文化交流活動	バルマ国立公園： ダルニヤ・センター ダンスと編み物ワークショップ	バルマ国立公園： ダルニヤ・センター ダンスと編み物ワークショップ
8月21日	シェパトン： 先住民医療施設（ルンバララ）、スポーツと健康に関する先住民教育機関（アッシュ）	シェパトン： スポーツと健康に関する先住民教育機関（アッシュ）、スポーツワークショップ	エチューカ： 先住民医療施設（ニュンダ）、先住民保育所（ベリンバ）
8月22日	バルマ国立公園： エコクルーズ、ダルニヤ・センター、クメラグンジャ・アボリジナル・コミュニティ	バルマ国立公園： エコクルーズ バスにてメルボルンへ移動 クーリィ遺産センター	バスにてメルボルンへ移動 ヴィクトリア大学（ムンダニ・バルク） クーリィ遺産センター
8月23日	バスにてメルボルンへ移動 ヴィクトリア大学（ムンダニ・バルク）	メルボルン： メルボルン大学（ウィリン）、ヴィクトリア大学（ムンダニ・バルク） バスにてメルボルン郊外視察	メルボルン中心業務地区（CBD）でのショッピング メルボルン博物館（バンジャラカ）
8月24日	メルボルン中心業務地区（CBD）でのショッピング 飛行機移動（香港で宿泊）	メルボルン市内観光とセント・キルダー・ビーチ観光 飛行機移動（香港で宿泊）	ダンデノン丘陵パフィンビリーの蒸気機関車、ヒールズビル鳥獣保護区、コロニアル・トラムカー・レストラン 飛行機移動
8月25日	帰国	帰国	帰国

第3章

大学でのスタディツアー

第1節　大学でのスタディツアー概況

　日本の大学においては、「海外体験学習」研究会（JOELN）が2003年から組織され、実践事例や実践内容の類型化、危機管理、組織体制、教育効果、体験の省察や変容などをテーマとした研究大会を開催し、報告書を出している。この研究会の中心メンバーでもある恵泉女子大学が首都圏国立私立大学を対象とした調査（2006）によれば、海外体験学習は、117大学262学部のうち、48大学（41％）、72学部（27.6％）において88科目が、卒業単位に含まれる授業科目として実施されている。それらは、休暇期間中（8、9月）に、1、2週間、20人程度の参加者で行う「短期フィールドスタディ型」海外体験学習が62.5％と多い。学習の内容は、訪問、交流、留学、調査などが主であるが（64.8％）、行先は先進国と途上国がほぼ拮抗している（藤原, 2013：58）。

表 3.1　海外体験学習の多様性

	長期留学	語学研修	インターンシップ、社会企業体験	海外研修（フィールドスタディ）	サービスラーニング
実施主体	大学、エージェント	大学、語学学校、エージェント	NGO, 大学	大学	大学、NGO
期間	半年～1年	1カ月程度	1カ月程度	10日前後	1週間～1カ月
研修先	主として欧米、AS・NZ	主として欧米、AS・NZ	主としてアジアの企業、NGO	主としてアジア	欧米、AS・NZ、アジア
単位化	協定校○、個人△	協定校○、個人△	大学○、NGO△	大学○	大学○、NGO○
学習方法	講義	講義	アクティブ、参加	調査、参加、省察	アクティブ、交流、省察
インパクト	語学力、異文化対応力、自己効能感、キャリア	語学力	キャリア、交流、異文化対応力	市民性、社会性、自分探し	キャリア、交流、知識の文脈化
	ワーキングキャンプ／ボランティア	スタディツアー	ワーキングホリデー	バックパック旅行	
実施主体	NGO（大学との連携）、旅行代理店	NGO, 旅行会社	個人	個人	
期間	1週間～1カ月	1週間～10日	1～2年	1週間以上	
研修先	主としてアジア	主としてアジア	協定国（14か国）	世界	
単位化	単位として認める場合あり	×	×	×	
学習方法	アクティブ、体験	体験	労働	体験	
インパクト	自分探し、社会性	交流、自分探し、社会性	会話力、異文化対応力、交流、市民性、自分探し	異文化への対応、社会性、自分探し	

（子島・藤原，217：4）

さらに、子島・藤原（2017：4）は近年の大学におけるスタディツアーについて9プログラムを挙げる（表3.1）。それらは、①長期留学、②語学研修、③インターンシップ、社会企業体験、④海外研修（フィールドスタディ）、⑤サービスラーニング、⑥ワーキングキャンプ／ボランティア、⑦スタディツアー、⑧ワーキングホリデー、⑨バックパック旅行と幅が広い。

第2節　龍谷大学の実践プログラム概要

　私が所属する龍谷大学国際学部は2015年に国際文化学部から名称変更し、それまでの1学科制を国際文化学科とグローバルスタディーズ学科の2学科制に改組した。その際、前者の国際文化学科の2回生以上を対象とする必修科目として「国際文化実践プログラムⅠとⅡ」が設置される（以下、実践プログラムⅠ、Ⅱと略）。そこで学生は、事前学習、学外での現地学習（いくつかのプログラムは学内学習）、事後学習のプロセスを通して各2単位が認められる。これらのプログラムは学生から「実プロ」と呼ばれており、1回生の時の必修科目である「基礎演習A・B」で学んだレポート作成技術を応用する科目に相当し、さらに3回生からはじまる登録必修である演習ⅠからⅣの事前教育として、国際文化学科の基幹科目として位置づけられる（表3.2）。

　「実践プログラムⅠ」では、6人の専任教員が担当する半期15回の授業を2回生以上が履修し、後期から始まる実践プログラムⅡに備える。シラバスにおける授業概要は、以下のとおりである。

　　この科目は、「多文化共生」「世界と日本」「芸術・メディア」の各コースから2名の教員が共同してクラスの運営を担当し、学生にそれぞれのコースでの学習に必要な実践的な能力をつけさせ

ることを目的とする。すなわち、コースごとに、フィールドワークやインタビューを含む、情報収集技術などの国際文化実践の方法論に関する教育と実践プログラムⅡの事前指導を行う。学生は各自の興味関心にしたがって「国際文化実践プログラムⅡ」を学期前半に選択し、学期後半で「国際文化実践プログラムⅡ」における実践学修の内容について各学生が計画書を作成報告し、各コースの担当教員からの了承を得る[1]。

講義方法は、前半に全員の共通講義にもとづき、学生が各自の興味関心にそったプログラムを選択するために、「プログラムⅡ」の内容を紹介し、希望調査を行い、必要に応じてプログラムの人数を調整する。中盤には、「多文化共生」「世界と日本」そして「芸術・メディア」の各コースでクラスを編成し、そこでフィールドワークの実習とグループによるワークショップ、すなわちアクティブラーニングを実施する。そして後半は、受講生各自の選択した「プログラムⅡ」に対応した計画書の作成、担当教員からの添削とそれに対する改善と提出という主に3部構成になっている。

到達目標は、「2年次後期以降に受講するプログラムⅡを選択し、それぞれのプログラムにおいて期待される国際文化的な実践研究の計画書を作成する。各コースの実践的フィールドワークプログラム

表3.2　龍谷大学国際学部国際文化学科の必修科目及び主要科目

1年		2年		3年		4年	
1セメ	2セメ	3セメ	4セメ	5セメ	6セメ	7セメ	8セメ
基礎演習A	基礎演習B	3コース（「多文化共生」「世界と日本」「芸術メディア」）を選択		演習Ⅰ	演習Ⅱ	演習Ⅲ	演習Ⅳ
		国際文化実践プログラムⅠ	国際文化実践プログラムⅡ				卒業論文研究

（国際文化実践プログラムⅡは先修制の必修科目。演習Ⅰは登録必修科目で、演習Ⅱ、Ⅲ、Ⅳと卒業論文研究は必修科目ではない）

に参加し、積極的な情報収集やコミュニケーションの能力を高め、アカデミックなグループ作業ができるようになる。」としている。

ここでは、私が担当した全体講義と私と同僚の教員が実施した「世界と日本」コースのフィールドワーク実習とグループワーク、すなわちアクティブラーニングの内容について紹介する。

第1回目から第4回目までの全体講義で私は第4回目を担当し、そこで「フィールドワークとはなにか」と題する講義をした。まず、「フィールドワーク」を人間の諸活動を研究対象にして「野外」で「現場の実態」を「総合的に」調査し、終了後、「屋内」の研究室に戻って論文化すると説明した。そして、誰も知らない、人が加工していない独自の「事実」である一次資料を収集する方法（①観察、②インタビュー、③参与観察、④発掘と測量）を提示し、その後、私のオーストラリアでのフィールドワークの事例にもとづく講義をした。そこで強調したのは、事前準備（問題設定、調査許可の取り方、対象者への配慮）と現地調査（データ収集方法）そして事後まとめ（分析、考察、解釈、仮設の検討）というフィールドワークの循環的性格である。

私のフィールドワークの経験にもとづけば、まず、事前準備として調査地の年表と地図そして人口統計表、さらに調査のための同意書を作成した。次いで、現地調査では、参与観察と地方新聞の自由記述に関するドキュメント分析さらにはライフ・ヒストリーに関する半構造化インタビュー（あらかじめ質問設定をするが、語り手に合わせる）の方法について、エピソードや写真、一次資料を提示して詳しく説明した。事後のまとめでは、現地調査中に記録した雑記メモ（フィールドノート21冊）、約35時間のインタビュー・データ、約23時間の映像データ、さらに約900頁の英語の日記と、それらをまとめた約100頁の日本語の論点メモを提示し、資料の整理と問いの再考の仕方について説明した。

このように、事前準備、現地調査、事後まとめからなるフィールドワークの循環的性格を事例にもとづいて示した後に、①臨機応変、②現場と資料の間の「ずれ」に気づき、③非日常的状況を楽しみ、④安全確保を第1に心がける教訓を伝えた。さらに、異文化を理解するためのフィールドワークとして、①自文化中心主義から脱却するために色眼鏡を外し、②文化間の相違を尊重し、③好奇心から異文化を知る姿勢、④相手にはまることなく、自分の物差しを押し付けることもない立ち位置、⑤コミュニケーションを大切にし、⑥まめに記録することを強調した。

第5回目からは、7週間の「実践プログラムⅠ」のコース別授業が始まる。第5回目は「フィールドワーク入門」という題で講義した。まず（1）フィールドワーク入門（授業5回分）の全体説明をし、特に「世界と日本」コースのフィールドワークの目的、内容、そして今後の行程について伝えた。次いで、（2）調査方法について、フィールドワークのプロセス（事前・現地・事後）の説明と、フィールドワークを実施する際の注意点について、担当教員の立場と経験にもとづいて説明した。更に、（3）約150人の学生を事前に龍谷大学が導入する授業管理システムmanabaにて4人から5人を1グループとする計14グループに分け、グループ内での自己紹介など簡単なワークをした。最後に、まとめと出席そして次回の授業にて課題を実施するためにスマートフォンやタブレット・パソコンを必ず持参することを伝えた。

第6回目は、フィールドワーク直前のグループワークとして、その詳細を私から伝えた。具体的には、フィールドワーク先となる国立民族学博物館（以下、みんぱくと略称）について、私が「みんぱくとはどんなところ」と題する説明をした。その際に日常の生活に密着した展示品について強調した。その後、みんぱくのホームページ上にある「標本資料データベース」を活用して、スマートフォン

やタブレット・パソコンを使ってみんぱくの情報を各自で調べ、その情報をグループメンバーと共有する。その際には、みんぱくの常設展示場にある9地域（①オセアニア、②アメリカ、③ヨーロッパ、④アフリカ、⑤西アジア、⑥東南アジア、⑦南アジア、⑧中央・北アジア、⑨東アジア）から（1）対象地域と（2）テーマを絞るよう指示した。

第7回目は事前グループワークの2回目で、主にグループでのディスカッションとワークシートの作成に時間を割いた。そこでは（1）自分たちのチームで興味のあるテーマを決定させ、さらに、（2）それら決定したテーマにもとづいて、2つの地域を個人とグループでそれぞれに選択させた。最後に、第8回目に実施するみんぱくでのミニ・フィールドワークの説明をして修了した。

第8回目はみんぱくでのミニ・フィールドワークである。学生は9時45分に現地集合し、昼食をはさんで15時までの作業をすることになる。まず、みんぱくの外庭で班ごとに分かれて点呼・出欠の確認をし、個人とグループで取り組む3つのワークシートを配布した（表3.3）。

課題1は、常設展示場での個人作業である。常設展示場の地図が載っているワークシート1に、受講生各人が興味のある標本資料を見つけて、その資料番号と説明の要約を記入する（ワークシート1：資料3.1）。

課題2は、常設展示場での個人とグループによるワークシート2を完成させる作業である。この課題2がグループ最終発表の内容の基礎となるため、最も重要な課題となる。内容は、各グループで決定した地域とテーマそれぞれ4つに関連する標本資料を2つ選び、その特徴などについて詳しく説明するとともに、それらの標本資料をスケッチする。標本資料を説明する際には、必ず午後にインフォメーション・ゾーンに足を運び、そこにあるイメージファインダー[2]やスマートフォンで情報収集をすることが必要となる。更に、上

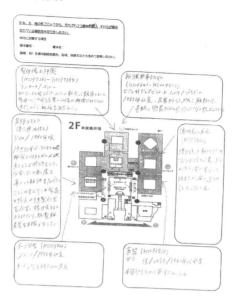

資料3.1 ワークシート1

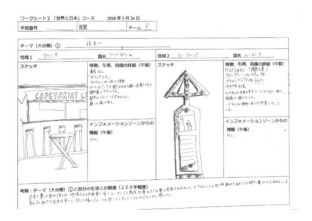

資料3.2 ワークシート2

第3章 大学でのスタディツアー

資料3.3 ワークシート3

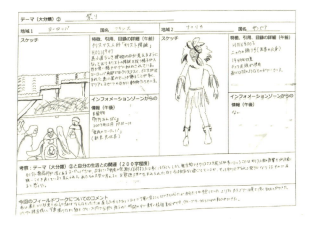

資料3.4 ワークシート4

表3.3 実践プログラムIの「世界と日本コース」フィールドワーク・スケジュール

時間	チームA〜N	チームM〜X
9:45	万博記念公園の入口で全員集合 →みんぱくへ移動	
10:00〜10:30	全体説明・ワークシートの配布・出欠確認・国立民族学博物館館長からのウェルカムセレモニー	
10:15〜11:50	フィールドワーク(全員・常設展示)ワークシート1&ワークシート2に記入	
11:50	全員集合(みんぱく本館1階エントランスホール)	
12:00〜13:00	ランチ	
13:00	全員集合(みんぱく本館地下)	
13:00〜13:15	グループミーティング・出欠確認(ワークシート2をもとにグループプレゼンの内容について話し合う。)	
13:15〜14:00	フィールドワーク(特別展:ビーズ展)ワークシート3に記入	グループワーク(グループで決定したテーマ・地域についてインフォメーション・ゾーンのビデオテイク・ライブラリで情報収集を行う。)ワークシート2に記入
14:00〜14:45	グループワーク(グループで決定したテーマ・地域についてインフォメーション・ゾーンのビデオテイク・ライブラリで情報収集を行う。)ワークシート2に記入	フィールドワーク(特別展:ビーズ展)ワークシート3に記入
14:45〜15:00	全員集合(みんぱく本館地下)総括・ワークシート1と3の回収・出欠確認・諸連絡→解散	

記で検討した地域とテーマの項目が、学生自身の日常生活とどのように関連し、類似または相違し、さらには因果関係があるかを考えて記入することでワークシート2を完成させる(ワークシート2:資料3.2、3.3)。

最後に、課題3は、特別展示場の展示に関するワークシート3を完成させる個人ワークである。そこでは、各自で選んだテーマに関連する展示品2点を選び、(1) それぞれの特徴を説明し、(2) 特別展 (ビーズ展) に対するコメントを述べさせた (ワークシート3：資料3.4)。

　第9回目は、みんぱくでのミニ・フィールドワークのまとめと報告の準備に充てられた。まず、導入として、みんぱくでのフィールドワークのふりかえりと反省、その後にグループでのまとめと発表準備を行った。特に、グループで1つのテーマに絞り、各自で集めた情報をまとめる。また、その標本資料と学生の日常生活との関わりについて、それぞれ選択した標本資料との類似点、相違点、因果関係、新たに生み出される特徴などを明確にして、その内容について5から7枚のパワーポイント資料を作成させた (資料3.5)。その後、発表の順番を決定して次週から2週にわたりはじまる発表会に備えさせた。

　第10・11回目の報告会では、1日で12グループがそれぞれに5分間の発表をした。それらの発表に対する評価基準として2つを定め、その基準にもとづいて全学生が評価をするものである。評価

写真3.1　2016年度の発表会の様子

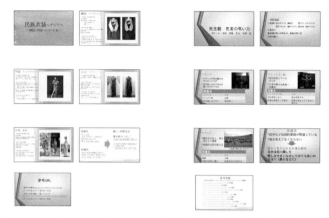

資料 3.5　2017 年度の学生たちのグループ発表用の資料

基準の1つ目は、発表の内容について10点満点で評価するもので、その詳細は、①発表の目的・主張・結論は明瞭か、②主張は客観的なデータや情報によって裏付けられているか、③内容は整理されているか、である。評価基準の2つ目は、プレゼンテーションについて10点満点で評価し、詳細は①魅力的なパワーポイントか、②聞く人にとって理解しやすい発表か、③棒読みしなかったか、そして④所要時間を守ったか、である。これらに加えて、発表チームの各人の役割について、できるだけ明確かつ具体的に記入させることで学生同士による相互評価が可能になる仕組みにした。

　こうした、7週間にわたるアクティブラーニング実施中に、学生は後期からはじまる「実践プログラムⅡ」へ応募し、プログラムの確定をしなければならない。その行程は以下のとおりである。

　まず第4回目に1次希望調査の登録がはじまり、第7回目にその結果が発表される。その後、第10回目に1次希望調査の決定者と未決定者が公表される。未決定者は2次希望調査にまわり、翌週の第11回目から1週間で、定員に達していないプログラムから再度

第3章　大学でのスタディツアー

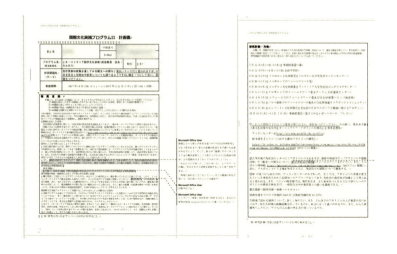

資料 3.6　添削を受けた計画書

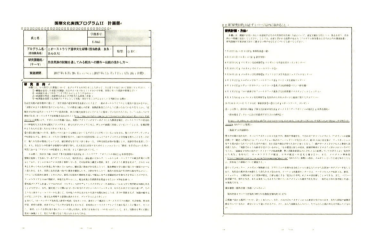

資料 3.7　再提出された計画書

応募する。第13回目の授業で2次希望調査の結果が公表され、これで後期の「実践プログラムⅡ」への参加者が決定し登録されるという流れとなる。

　アクティブラーニングを修了し「実践プログラムⅡ」が決定した学生たちは、その後、自分たちが後期に参加するプログラムにもとづいて計画書を作成しなければならない。このため、第13回目の授業で各プログラムの担当教員にあらかじめ用意を依頼していた計画書を提出させ、それにもとづいて「実践プログラムⅠ」の担当教員がそのポイントを説明する。そして第15回目の授業では第13回目の授業で学習した計画書の作成方法にもとづき受講生が作成した計画書を他の受講生と相互評価すると同時に教員からの添削指導を受ける（資料3.6、3.7）。

　さらに、第14回目の授業には、キャリアガイダンスを実施し、その年の4回生で就職が内定している学生から体験談を話してもらい、就職活動の準備を意識づける。また3回生の前期からはじまるゼミ「演習Ⅰ〜Ⅳ」の選考について「多文化共生」「世界と日本」「芸術メディア」の3コースから選択する必要があることなどが説明される。

　これらの講義を経て、「実践プログラムⅠ」を修了した学生のみが、後期に始まる「実践プログラムⅡ」を履修することになる。これは先修制度を導入しているからである。この「実践プログラムⅡ」については次に詳述する。

第3節　「実践プログラムⅡ」の概要

　「実践プログラムⅡ」は、「実践プログラムⅠ」を履修し、修了した学生のみが受講可能なプログラムである。「実践プログラムⅡ」はAからGまで7プログラムが設定され、その大分類の内訳は①

日本国内文化研修、②日本国外文化研修、③長期留学、④短期留学、⑤集中講義、⑥インターンシップ、⑦自己応募と7プログラムある。そこでは専任教員を中心に合計19から21のプログラムが用意され、2単位を取得するために、実習の実働時間4時間を1ユニット、講義相当の時間90分で1ユニットとして、合計15ユニット以上の学修時間が必要となる。そうした中で、私が実施するオーストラリア・スタディツアーは日本国外研修の1つであり、2016年度は文化研修として2単位、2017年度からは語学文化研修として4単位を取得可能としている。

　この「実践プログラムⅡ」の問題点は、受講生の獲得にある。「実践プログラムⅠ」も含めて2016年度は2回生のみで391人、2017年度と2018年度は前年度からの授業の未履修や未修了の受講生さらには他大学や専門学校からの編入生等を含めそれぞれ435人と436人の受講生があった。そうした受講生が「実践プログラムⅡ」に設置された19から21のプログラムを希望するため、年度によってプログラムに偏りが出る。たとえば、2016年度、2017年度そして2018年度の「実践プログラムⅠ」第4回目で実施した第1希望調査の登録結果ベスト5は次のとおりである。

　2016年度は長期留学76人、京都学実践フィールドワーク37人、自己応募34人、多文化時代のビジネスプラン33人、ロンドン文化研修18人であった。日本国外文化研修の順は、ロンドン文化研修18人、フランス語学文化研修10人、韓国語実践語学研修7人、マウントフッド・コミュニティ・カレッジ（Mount Hood Community College）での語学文化研修とオーストラリア文化研修がそれぞれ6人であった。

　2017年度は長期留学69人、京都を魅せる58人、自己応募41人、多文化時代のビジネスプラン39人、京都学実践プログラム29人であった。日本国外文化研修の順は、オーストラリア語学文化研修

15 人、マウントフッド語学文化研修 14 人、ロンドン文化研修 10 人、中国語学文化研修 6 人、韓国語学文化研修 3 人であった。

　2018 年度は外国人観光客の通訳案内 80 人、長期留学 50 人、イタリア文化研修 42 人、国際観光と京都 41 人、自己応募 36 人であった。日本国外文化研修の順はイタリア文化研修 42 人、マウントフッド語学文化研修 17 人、韓国語学文化研修 14 人、ベトナム文化研修 9 人、フランス文化研修 7 人であった。ちなみにオーストラリア語学文化研修とタイ文化研修は 6 人であった。

　こうしてみると、2017 年度は日本国外文化研修の中で 1 番人気であったオーストラリア語学文化研修であったが、2018 年度には 2016 年度の数にまで減少している。最終的にオーストラリア語学文化研修に参加した学生数は 2016 年度が 8 人（1 次選考で第 1 希望選考に漏れた学生 2 人含む）、2017 年度が 16 人（1 次選考で第 1 希望選考に漏れた学生 1 人含む）、そして 2018 年度が 8 人（1 次選考で第 1 希望選考に漏れた学生 2 人含む）であった。

　オーストラリアでの研修は 2016 年度の文化研修に加えて、語学研修を 2017 年度から導入し、前年の 2 単位から 4 単位へと取得可能な単位数を増やしたにもかかわらず、2018 年度の人数が振るわなかったのにはいくつかの理由があげられる。その 1 つに、京都学、観光、ビジネスプラン、英語習得といった「キャッチー」な表現に引き付けられた学生がいたことである。たとえば、上述した通り、長期留学と自己応募のプログラム以外では、「京都学実践フィールドワーク」や「多文化時代のビジネスプラン」「京都を魅せる」「国際観光と京都」などがその典型例である。一方でオーストラリア語学文化研修では先住民や移民に注目し多文化共生を考えること、タイ文化研修では、子どもと貧困の問題について考えることが目的である。こうした、いわゆる人権問題に関する重い表現に多くの学生が興味を示さなかった可能性がある。

もう1つは、博物館でのフィールドワークなど人と直接接触しないプログラム内容に興味を感じる学生が多くいたことがあげられる。
　さらに語学研修を組み込んだために2016年度の10日間から3週間に滞在日数が延び、費用もそれまでの総額30万円程度が、10万円以上もあがり総額で約43万円になった。このため費用対効果に対する学生たちの意識とその他の類似するプログラムに学生たちが分散した。たとえばアメリカのマウントフッドが3週間で約40万円、英国ロンドンが20日間で約47万円、韓国ソウルが3週間で約30万円、フランスのリヨンが3週間で約40万円で、そこでは語学研修と博物館や世界遺産さらには大学での講義を中心とするプログラムであった。また、イタリアやベトナムの文化研修も博物館めぐりと世界遺産めぐりが主な目的で、それぞれ10日間で30万円と20万円程度の低コストなプログラムであった。
　いずれにせよ、「実践プログラムⅡ」は目的意識を明確にもつ学生確保のための工夫が重要な課題の1つになる。次に、私が担当するオーストラリア南東部のスタディツアーについて詳述する。

第4節　龍谷大学「実践プログラムⅡ」のオーストラリア・スタディツアー

（1）スタディツアーの事前研修

　2016年度から開始した龍谷大学でのオーストラリア南東部スタディツアーは「実践プログラムⅡ」のプログラムの1つである。そこでの概要は以下のとおりである。

　1970年代からオーストラリアは多文化主義を国策として展開してきた。本研修では、殊に移民政策と先住民政策、それに対す

る移民や先住民の対応に注目し、現代オーストラリアにおける多文化社会のあり方について学ぶ。とりわけ現地の先住民について扱う博物館、各種団体、大学などの教育施設を訪問し、大学や博物館では共同講義を試みる。さらに先住民コミュニティを訪問することで、彼・彼女らの実態について深く理解する[3]。

また、達成目標はオーストラリアの多文化・多民族社会の現状、殊にオーストラリア先住民の問題に学ぶことで、日本における多文化社会のあり方について具体的に考案することができる力が獲得できることを目標としている。

このように概要と目的から見ても、龍谷大学でのスタディツアーはインターユース堺のそれと比べ先住民のテーマだけに焦点をあてたものではないことがわかる。上述した概要にもあるように、移民も含めた多文化・多民族社会に関するテーマが扱われる。ただし、インターユース堺の事前研修では堺市の人権政策、世界の人権、同和問題、ジェンダー問題など幅広く人権に関する学習ができたのに対し、龍谷大学の事前学習では予算の関係と時間の制約でオーストラリアのみに特化した学習となった（表3.4を参照）。そうした中で、龍谷大学の学生が現地調査に出発する直前に計画書作成のために選んだテーマは次のとおりである。

2016年度は先住民に関するテーマがすべてで、子育て、教育、就職問題、食生活、文化継承がその内訳であった。

2017年度は、メルボルン市内の歴史的建造物と宗教、都市環境と交通機関、さらにはカフェ文化やストリートアートに注目したテーマがあった。さらにオーストラリア全般のテーマには、オーストラリアの移民政策やオーストラリアの教育、日本人とオーストラリア人のペットに対する意識の違いと多岐にテーマが渡る。また、オーストラリア先住民に関しては先住民教育やドラッグ・アルコー

ル問題や食文化、アボリジナル・アートや多文化主義との関係が受講生の選択したテーマであった。

　2018年度はオーストラリア先住民に関しては、ドラッグ・アルコール問題、貧困問題、食文化などがあった。先住民以外のテーマでは、日豪の医療制度の比較、メルボルンの日系企業についてなどがテーマとなった。

　2016年度、17年度そして18年度の事前研修では、それぞれ8人、16人そして8人の参加学生に対して4回の講義をした。まず旅行会社の担当者によるビザや航空券、安全性についてなど基本的な情報を学ぶ講義を実施した。さらに、全体で情報を共有するための広報係、現地でのイベントを計画する企画係、事前にしおりを作成する編集係、現地での調整係に学生を振り分けて、学生間の良好な関係の構築を促した。

　つづく第2回目の講義では、オーストラリアの歴史と現状に関してビデオで説明し、その後、オーストラリア大使館がオンラインで提供している Australia in Brief を使い、受講生をグループに分け興味のあるトピックを選ばせ第3回目の授業でその内容を発表するための準備をした。

　第3回目は、前回に選んだトピックに関して発表させた。さらに多文化・多民族の状況について学ばせるため、現在オーストラリアに暮らす私の親友である6家族を紹介し、それらの家族のいずれかを選択し、その1つの家族の目線からオーストラリアの現状について議論させた[4]。こうしたアクティブラーニングはインターユース堺の事前研修で2014年に実施したものを踏襲した。

　最後の第4回目は、受講生が研究計画書を作成する時に決定したテーマを再確認し、現地学習を実施する直前の確認と方法論の確定をした。

(2) オーストラリア南東部スタディツアー

a　2016年度のスタディツアー

　2016年度の龍谷大学のスタディツアーは、インターユース堺のプログラムを踏襲した。ただし、インターユース堺のように自治体からの財政支援と同等の大学からの支援がないため、地方町での移動手段以外には、バスを利用できなかった。このためメルボルン市内から地方町への道中に、ベンディゴやバララットなどオーストラリアの建国の歴史に深く関わる地域に立ち寄ることができなかった。また、アボリジナル・アーティストとの交流やバルマ森林内でのダンス・ワークショップも経済的・時間的な制約のためできなかった。その他の内容については、大きな変更はない。ただし、学生を一日中拘束するようなスケジュールではなく、現地でのフィールドワーク以外は、基本的に学生は自由に行動ができた（表3.5を参照）。
　2016年度の参加学生は男性2人、女性6人の合計8人で、スリランカからの留学生が1人いた。また、同僚の教員の友人で精神科医も参加した。8月24日（水）に関西国際空港を発ち、翌日の早朝にメルボルンに到着した。ちなみに私はプログラムがはじまる1週前からメルボルンに入って、スタディツアーが円滑に進められるよう市内の訪問施設などとコンタクトをとった。このため、関西国際空港からメルボルン国際空港までは同僚の教員が同伴した。
　まず1日目の8月25日（木）は、メルボルン博物館にて先住民セクションのバンジャラカを訪れ、ヴィクトリア州の先住民の過去、現在について学んだ。その後、バスにて戦争慰霊碑を訪れ、先の大戦で亡くなった兵士、とりわけ第1次大戦でのトルコのガリポリの戦いでオーストラリア・ニュージーランド軍団（ANZAC）の兵が

亡くなった悲惨な歴史と国家成立の関係について学生たちに伝えた。

次いで8月26日（金）は、メルボルン大学ウィリン先住民センターにて講師のゲニアさんからセンターの沿革と現在の取り組みについて講義を受けた。本年度から、これまでウィリン先住民センター長であったデボラさんが、メルボルン大学学長の補佐となり部署を移した。彼女は独立して先住民文化の継承のための教育や、自身の芸術活動を展開することになったのである。このため、代わりに舞台演出家と監督を兼任するリチャードさんがセンター長となった。また、テリクさんは講師のまま所属しているが、体調が悪くなり、急遽ゲニアさんが講師代行となった。

8月27日（土）はクーリィ遺産センターが実施しているヤラ川沿いのミニ・フィールドワークに参加し、兄弟であるトレンさんとニッキーさんから文化センターの取り組みと、ヴィクトリア州とりわけクーリィン・ネーション（Kulin Nations）の歴史についての説明を受けた。その後昼食をはさんで、当日にシドニーでのコンサートから帰ってきたデボラさんが、私たち一行をわざわざ自宅にまで招いてくれた。そこで、自宅の1階に完備されたシアターで、「盗まれた世代」として母親から引き離された彼女の半生を描いた「ピーカン・サマー」のDVDをノーカット版で鑑賞し、その後に彼女と

写真3.2 クーリィ遺産センターでの現地学習

写真3.3 デボラさん宅での現地学習

の質疑応答をした。

　8月28日（日）は専用の貸し切りバスでメルボルンを発ち、約300キロ北上したところにあるエチューカ地方町へ移動した。

　8月29日（月）は、3歳から5歳までの先住民の幼児、長期休暇中はプライマリ・スクールの学生（日本の小・中学生に等しい）を預かる、ベリンバ・チャイルド・ケア・センターを訪問した。そこでは、文化伝承をする先住民文化教育の講師であるロッキーさんから、本地域の先住民集団に関して、特に植民地化以前の生活様式について当時の用具を用い、さらに事前に印刷された教材にもとづく講話を受けた。また、学生の1人と同僚の教員の友人で精神科医の参加者が、子どもたちに創作ダンスを披露して交流をした。その後、ベリンバの母体組織で隣接するニュンダ・アボリジナル法人にてジャッキーさんから当センターの医療体制やスタッフ構成、健康促進プログラムなどについて伺った。

　8月30日（火）はエチューカ地方町から35キロほど離れた所に位置するバルマ国立公園の入り口に、1980年代に先住民文化を伝えるため建てられたダルニヤ・センターを訪れた。そこでは、まず先住民レンジャーである、リタさんとリンダさんから当該地域の固有の動植物や生態系について学んだ。また、国立公園に隣接する先

写真3.4　ダルニヤ・センターでの現地学習

写真3.5　ダルニヤ・センターでの編み物ワークショップ

住民コミュニティ、クメラグンジャ・アボリジナル・コミュニティにあるヴァイニー・モーガン医療センター所長でバスケットの編み物技術の復興につとめるアニスさんから編み物ワークショップを実施してもらった。そののち、マレー川までブッシュウォークをし、そこで約1時間のキングスフィッシャー・エコクルーズに乗船した。

　8月31日（水）はエチューカ地方町から約70キロ南下したシェパトン地方町にあるスポーツと健康に関する先住民教育機関アッシュにて高校や中学を中退した先住民学生とともに授業を受けた。まずお互いが自己紹介をして、その後に非先住民の講師フィンさんが用意したクイズをテーブルごとに分かれて答え点数を競い合った。その後、雨天のため体育館へ移動してスポーツ・アクティビティに参加し、まずは、日本から用意をしてきた「ふくわらい」や「けん玉」などの昔ながらの遊びを、アッシュの学生と楽しんだ。その後学生の1人と同僚の教員の友人である精神科医の男性が創作ダンスを披露して、これらのこともあり学生同士の交流が深まった。そうした

写真3.6 アッシュでの現地学習

写真3.7 スポーツ・アクティビティ

なかで先住民が植民地化以前に行っていたボール遊びマングロックを先住民学生と龍谷大学の学生混合チームで実施した。こうした交流を終えて、16時ごろメルボルンへ移動した。

9月1日（木）はヴィクトリア大学のムンダニ・バルクで講師を務めるベッカさんから本プログラムの沿革と現代の取り組み、とりわけ先住民教育について伺った。さらに9月2日（金）は終日自由行動で、私は7人の学生をパフィンビリーにあるトロッコ列車の観光に連れて行った。その後、市内へ戻り、移民博物館を見学して、夕刻にメルボルンを出発し帰国した。

ところで、2016年度のプログラムでは飛び入りの参加者たちが数人あった。1人目は上述した通り、同僚の教員の友人で精神科医である社会人の参加である。彼はこのプログラムに事前学習から参加し、現地でも学生のケアのみならず私の体調管理まで広くカバーしてくれた。

もう1人は2014年にインターユース堺の団員として参加した女性が、当時、滋賀大学に在籍しており、4回生の1年間をフィジーでの語学留学とオーストラリアでのワーキングホリデーにあてていた。その彼女が現地でスタディツアーに飛び入りし、全行程に参加することになった。彼女のおかげもあり、学生たちのプログラム参加へのモチベーションがぐっと高まった。

また、当時の私のゼミの学生1人が西オーストラリアのパース近郊にあるマードック大学に交換留学をしていたため、その彼女も1日のみ参加することになった。

最後に、私が学んだラ・トローブ大学大学院に入学する前に、語学学校でクラスメイトであった日本国籍をもつヒロシさんを招いた。彼は、ラ・トローブ大学でソーシャルワークを学び、卒業後に永住権を取得し、現在は、移民とりわけ難民の定住を促進する仕事についている。そうしたオーストラリアでの生活、異文化体験、そして

現在の仕事内容などについて話してもらった。

　b　2017年度のスタディツアー

　2017年度の参加者は、16人の参加で女性10人、男性6人で、女性の2人は中国からの留学生であった。学生たちは、8月19日（土）に出国し、21日（月）からメルボルン中心業務地区（CBD）にあるLevel Up Englishにて2週間の語学研修を受け英語スキルの向上に努めた。こうして昨年度とは異なり、メルボルン市内での2週間の集団生活を送ることになった学生が、不自由なくかつ食費の出費をおさえることもできるように、メルボルン市内のホテルでは自炊ができるアパートメント・タイプの部屋を用意した。

　8月22日（火）にはヴィクトリア大学のムンダニ・バルクでベッカさんから講義を受けた。17年度は私が3週間のオーストラリア滞在ができず、最後の1週間だけの滞在になったため、2人の同僚の教員に私の不在中に付き添いをお願いした。ヴィクトリア大学での講義について、ベッカさんとメルボルンで面会し授業の様子を聞いてみると、17年度は都市の先住民の現代的な文化活動、たとえ

写真3.8 ホテルの一室でヒロシさんの講義

ばヒップ・ホップや現代アートなどの説明に時間を割いたとのことであった。

その後の1週間で、2016年度と同様の内容で先住民コミュニティでのフィールドワークを実施した。

9月2日（土）にメルボルンに私が到着してすぐに、昨年と同様に留学時代の語学学校のクラスメイトで同じラ・トローブ大学に通っていた、日本国籍を持ちメルボルンに永住するヒロシさんから、従事する仕事の内容やメルボルンの多民族状況について話してもらった。

9月3日（日）の地方町への移動は、前年度の貸し切りバスではなく、出費をおさえるため公共交通機関である長距離列車V/Lineに乗車し、約4時間かけてシェパトンへ向かった。

写真 3.9 エチューカ行きの V/Line

9月4日（月）の午前中は、2001年からシェパトン地方裁判所に設置されている先住民による先住民のための裁判所クーリィ・コートの現場と、一般の裁判所の現場を見学し、その類似点と相違点について裁判所の職員から伺った。クーリィ・コートの設置は、1980年代にオーストラリアの留置所に拘留された先住民が多く、そこで多くの拘留者が変死する事件が起きたことに起因する。1989年に

この状況を調査するため、王立委員会が設置され1991年にその報告書が提出された。その報告書の中で先住民に対する特別な司法制度が必要であることが勧告され、それにもとづいてオーストラリア全土で先住民のための司法制度が設置された。その1つがクーリィ・コートである。そこでは、軽犯罪のみが審議の対象となる。一般の裁判所に比べ大きく異なるのは審議がされる環境である。通常は、裁判官が原告を見下ろして審議を進めるのに対して、クーリィ・コートでは1人の裁判官に加えてコミュニティの長である2人のエルダー、原告の家族など、全員がフラットな楕円形のテーブルに座って審議をする。こうしたクーリィ・コートを見学した後、スポーツと健康に関する先住民教育機関アッシュへ向かった。

写真3.10 シェパトンのクーリィ・コートでの現地学習

アッシュでは先住民学生との交流会と合同授業をうけた。今回の授業では、グループに分かれて自己紹介を済ませた後、それぞれのグループにタブレットが配布された。それを使ってオーストラリア国内だけでなく世界の一般常識に関するクイズが用意されたホームページにアクセスをし、クイズ対抗戦を行った。これにより学生の間の距離が近づくことになった。このクイズ対抗戦が終了した後、

写真 3.11 アッシュでの現地学習　　写真 3.12 アッシュでのスポーツ・アクティビティ

アッシュの学生が起立して、全員でヨルタ・ヨルタの言葉を使った歌の朗読がなされ、二回目の朗読の際には、龍谷大学の学生たちも参加して朗読した。その後、キャンパスから徒歩 5 分の所にある球戯場へ移り、そこでインターユース堺時代の 2013 年から実施する恒例のマングロックを先住民学生と龍谷大学の学生の合同チームで実施した。

　9 月 5 日（火）は専用貸し切りバスで 70 キロ北上してバルマ森林にあるダルニヤ・センターへ向かい、昨年同様、ヴィクトリア州政府の環境保護局パークス・ヴィクトリアで先住民レンジャーを務め

写真 3.13 ダルニヤ・センターでの編み物ワークショップ

第 3 章　大学でのスタディツアー

写真 3.14　ベリンバ・チャイルド・ケア・センターでの現地学習

写真 3.15　ニュンダ・アボリジナル法人での現地学習

るリタさんとリンダさんから森林の生態系について学んだ。その後、アニスさんから編み物ワークショップを受けた後、ブッシュウォークでキングスフィッシャー・エコクルーズの乗船場まで移動した。エコクルーズ終了後にクメラグンジャ・アボリジナル・コミュニティに立ち寄り、エチューカへ移動した。

　9月6日（水）は午前中ベリンバ・チャイルド・ケア・センターにてロッキーさんとベティーさんから、午後はニュンダ・アボリジナル法人にてジャッキーさんから昨年同様の講話を伺った。その日の4時ごろにエチューカ駅からV/Lineバスでマーチソン駅へ向かい、そこから同じくV/Lineの長距離列車に乗り換えてメルボルンへ下った。9月7日は午前中を自由行動とし、深夜11時ごろメルボルンを発って帰国した。

　ところで、今年度も飛び入りの参加者が1人いた。同伴の教員のゼミに所属する3回生の女子学生である。彼女は渡豪前に国際学部に設置された国際文化学会から7万円の助成金を獲得し、その研究テーマをオーストラリア先住民教育に設定し、帰国後、そのテーマにもとづく8000字のレポートを『国際ジャーナル』に投稿することが求められる。このためアッシュでの交流に参加することになった。

c 2018年度のスタディツアー

2018年度の参加者は、8人の参加で女性4人、男性4人であった。学生たちは、8月18日(土)に出国し9月7日(金)まで語学文化研修に取り組んだ。8月20日(月)からメルボルン中心業務地区(CBD)にある語学学校 Level Up English にて2週間の語学研修を受け英語スキルの向上に努めた。去年と違った点は、1日4時間で週5日のレッスンが、1日5時間で週4日になった点と、引率の教員が去年の3人から私1人になった点である。これは、参加する学生数が少なかったため、教員間で調整をし、引率教員を1人にし、これにより私が8月24日(金)に渡豪し、25日(土)に学生たちと合流して9月7日まで引率することになった。

語学研修の合間に、学生たちはゲストスピーカーによる講義をホテルで受けたり、メルボルン市内の大学に設置された先住民センターでの講義を受けた。

まず8月25日(土)に宿泊するホテルで、私のオーストラリア

写真3.16 ムンダニ・バルクでの現地学習

留学時の友人で日本国籍を持ちメルボルンに永住するヒロシさんに、日常の生活について話してもらった。

8月29日（水）はヴィクトリア大学ムンダニ・バルクで講義を受けた。これまでお世話になったベッカさんが、ヴィクトリア州政府の先住民コミュニティ開発の問題を扱う部署に転職したため、本年度からは彼女に代わり、所長アンさんと講師ララさんが本センターの取り組みについて話してくれた。また、センターの場所もこれまでのメルボルン郊外のセント・アルヴェンス・キャンパスから、市内寄りのフッツクレイ・キャンパスへ移転した。その移転したキャンパスでは、ララさんが手掛けたウナギのデザインをモチーフにしたモニュメントがあり、それは植民地化以前からグンジィッジマラ（Gunditjmara）集団が主食にしていたウナギをモチーフにしたデザインであることを学んだ。さらに、現在、「盗まれた世代」を中心に先住民の個人が過去の誤った対応に心的外傷後ストレス障害（トラウマ）を抱えている。こうしたトラウマから回復するために先住民アートが不可欠であることを証明しようと取り掛かっているララさんの博士課程のプロジェクトについても伺った。

8月30日（木）は、メルボルン大学ウィリン先住民センターの

写真3.17 ウィリン先住民センターでの現地学習

講師テリクさんから、自身が作成した有袋類ポッサムの毛皮コートにまつわる話を聞いた。特に、彼は7世代も前の先祖から、祖父ビル、父リンと作成を切望したが、達成できなかったポッサムの毛皮コートをようやく自分の世代で作り上げることができたと語った。その作成したきっかけは、長女の誕生であった。彼は、70匹のポッサムの毛皮に自分と先祖にまつわる物語を刻んでいるという。今後はそのコートを長女に引き継ぐことで、彼女の人生が新たなポッサムの毛皮に刻まれ、オナス家の物語が過去から未来へと紡がれることを願っていた。

　また8月31日（金）は語学学校の補講が夕方にあり、9月1日（土）は1日フリーにし、学生たちは各自で興味のある場所を訪れた。こうした語学研修の合間や修了後には、最終週の9月2日（日）から始まる先住民コミュニティでのフィールドワークを見越して、受講生にたいして各人のテーマに合わせたアンケート表を作成させた。加えて、先住民のテーマを扱わない学生には市内でのアンケートやインタビュー調査を実施させた。

　9月2日（日）にメルボルンからエチューカにむけて昨年同様に公共交通機関の長距離列車V/Lineにて移動した。そして3日（月）は、エチューカにある先住民のための保育所ベリンバとその母体となる

写真3.18 ベリンバ・チャイルド・ケア・センターでの現地学習

写真3.19 蒸気船に乗船

ニュンダ・アボリジナル法人を訪れ、当館のスタッフであるジャッキーさんと先住民文化教育の講師であるロッキーさんから昨年同様に講話を受けた。特に、ベリンバでのロッキーさんの講話は、本地域の先住民集団に関して、植民地化以前の生活様式について当時の用具を用いながらの講話を受けた。ただし、今年度は、龍谷大学の学生のみでなく、私が2001年から2年間留学していたラ・トローブ大学のオーストラリア人学生4人が保育士の免許を取るためのトレーニングをしていたこともあり、彼女たちも参加した。これにより現地学生との交流を持つことができた。午後は、蒸気船に乗船し植民地期におけるマレー川の歴史を学ぶ、コロニアル・ツーリズムを体験した。

9月4日（火）は、午前中にバルマ森林のダルニヤ・センターで先住民レンジャー、リタさんによる講話とブッシュウォークをした。さらにリタさんの姉アニスさんによる編み物ワークショップに参加し、午後からはキングス・フィッシャーのエコクルーズに乗船しマレー川の生態系に関して学んだ。その後、70キロ南下したシェパトンへ専用貸切バスで移動した。

9月5日（水）は、シェパトンの中学校や高校を中退した学生の教育施設であるスポーツと健康に関するアカデミー、アッシュの学

写真3.20 ダルニヤ・センターでの現地学習　写真3.21 ダルニヤ・センターでの編み物ワークショップ

写真 3.22 アッシュでの現地学習

生と、午前中は有袋類ポッサムの毛皮コートを共同で作成し、コラージュ作品を作った。午後は、近隣を流れるゴールバーン河沿いをブッシュウォークし、19世紀から20世紀中ごろまでの当地域の先住民集団であるヨルタ・ヨルタの植民地化の歴史について、森林内に設置された当時の写真と説明が付された案内板にもとづいて、講師のアリさんから学んだ。その後、V/Lineバスでメルボルンに移動した。

9月6日（木）は、朝食後にミーティングをし、各受講生の研究テーマに関する進捗状況を報告させた。その後、関西国際空港が台風21号のため閉鎖に追い込まれたことをニュースで知り、この歴史的な出来事に学生とともに対応することになった。

私は、インターユース堺の安全・危機管理に関する経験があったので、被災型リスクへの対応と情勢変化型リスクへの対応、さらには緊急時の対応を中心に対策をした。まず、被災状況と情報変化に関しては、ネット情報と旅行会社に連絡を取り確認した。旅行会社への連絡はフェイスタイムで帰国前日の深夜11時ごろになり、その時はどの飛行機に搭乗し、どの空港に帰国できるか未確定であった。対策として翌日なるべく早く搭乗予定の航空会社カウンターまで行き、そこで確認するよう旅行会社担当者から伝えられた。

次いで、緊急時の対応として、私は、学生用と学生の親族用さら

に大学事務職員にたいして3種類のメールを作成した。学生用メールでは、帰国日のスケジュール予定の変更と親族への連絡を徹底するよう指示した。具体的には、メルボルン空港を発つ前、経由地としての香港国際空港を出発する前、日本の空港（中部国際空港になった）到着後、自宅や下宿に到着時の4回である。はじめの3回は、私がメールやSNSでのやり取りを目視で確認し、親族との連絡を取らせた。親族用には、渡航前に学生を通して配布ないしはメールにて親族に届けておいた旅行会社が作成した行程表パンフレットの変更と、簡単な当日のスケジュールを記載し、最後に緊急時の連絡先として私のアドレスを付した。これら2つのメールを添付して大学の事務職員へ知らせ、当日の航空会社との交渉に臨んだ。

(3) スタディツアーの事後研修

2016年度の事後研修は、9月30日（金）、10月7日（金）そして11月16日（水）、さらに12月1日（木）の4日間をあてて、報告書のまとめとそれにもとづいた発表会を実施した。スタディツアーには8人の参加があったが、そのうちの1人が発表と報告書の提出を放棄し2単位を取得しなかった。それは、彼が国際文化学部3回生であり、旧カリキュラムの履修が求められ、そこには「実践プログラムⅡ」の2単位が必修ではなかったためである。このため最終的に発表し、報告書を提出した学生は2回生7人であった。そうして、発表終了後に、大学の近くにあるレストランにて、慰労会をしてプログラムの総括を行った。

2017年度は10月25日（水）と12月8日（金）にそれぞれ2講義分の事後研修を実施した。特に12月8日は15人の発表会をした。17年度の参加人数は16年度の倍近くであったため、慰労会をすることはなく、また発表もタイトなスケジュールでこなす必要があり、発表者に対する質疑応答の時間が十分に取れなかった。このた

め10月25日から12月8日までの間で発表の事前準備として学生との個人面談を同僚の教員とともに頻繁に行う必要があった。

　2018年度は、参加した学生数が8人と少人数であったため、帰国後の9月25日（火）に1回の個人面談、その後10月30日（火）に発表準備、さらに11月13日（火）に最終発表と3回の事後学習を実施した。

第5節　小括

　この章では、まず大学におけるスタディツアーについてその現状を示した。その後、龍谷大学における「実践プログラムⅠ・Ⅱ」について取り上げ、そこで私が実施するオーストラリア南東部でのプログラムに注目して、その事前・現地・事後の学習について記述した。

　つづく第4章では、自治体と大学におけるスタディツアーの異同について述べる。その後にゲストである団員と大学生、主催者であるインターユース堺と龍谷大学、ホストであるアボリジナル組織、個人、さらにゲストとホストを繋ぐコーディネーターである私のそれぞれの立場に注目し、そこに現れる問題点や課題点について考察する。

付記

　2015年度に龍谷大学国際文化学部は国際学部へ名称を変更し、それまでの1学科制から国際文化学科に加えてグローバルスタディーズ学科を設置して新たに生まれ変わった。この国際文化学科の必修科目の1つとして2回生から開講されたのが「実践プログラムⅠ・Ⅱ」であった。

　なかでも「実践プログラムⅡ」に注目するといくつかの課題点が浮かび上がった。たとえばこのプログラムを決定する際に、プログ

ラム名やその実施期間、費用、単位数すなわち費用対効果により、学生がいくつかのプログラムに固まる傾向があることがわかった。

さらに、2015年度以前にはなかった2回生に対する必修科目を設置することで、「基礎演習」と「演習」の懸け橋として本プログラムは重要な役割を果たしている。ただしそうすることで、限られた教員数で2回生とそれ以上の本科目未履修の学生を教員が対応しなければならず、そうした学生の中にはモチベーションが低い者が含まれ、フィールド先の団体や人びとに不快感を与えかねない。実際、2018年度の参加学生の1人が、クメラグンジャ・アボリジナル・コミュニティでの現地実習の時に、リタさんから説明を受けているときに、スマートフォンとイヤホンをしていた。これに対してリタさんが「話を聞きたくなければ参加しなければよいのに」と、私に心の内を吐露していた。

また、予期せぬ事態が生じた時の安全・危機管理がプログラムごとにばらつきがあり、事務職員との連携も含めた管理体制が整っていないことも、大きな課題であった。2018年度に私が実施したオーストラリア語学文化研修では、帰国の前日に、台風21号のため関西国際空港が機能停止となり、このための対応を私個人でせねばならなかった。

いずれにせよ、プログラムを作る教員の負担や安全・危機管理の具体的な体制化、さらには教員と事務職員との連携、また今後も必修科目として存続させるかどうかなど、解決せねばならない問題が山積している。

注

1 https://capella.ws.ryukoku.ac.jp/RSW/SYLD120Init.do?rand=20181027131003952_830739　2018年10月10日アクセス
2 イメージファインダーは、みんぱくで展示されている展示物をマルイ

タッチの大画面で確認できるシステムである。画面一面に並んだ写真の1つ1つを指でタッチすると、資料の名前や、作られ使われている地域や民族名、さらには資料のことが書かれた本や論文、みんぱくのビデオテーク番組に関する情報が提示される。
3　https://capella.ws.ryukoku.ac.jp/RSW/SYLD120Init.do?rand=20181010191016314_336362　2018年10月10日アクセス
4　そうした6家族とは①アイルランド系のバックグラウンドをもち、ドイツ人の元夫とのあいだに息子が1人いる女性で、彼女の兄はベトナム人の妻と2人の子どもを持ち、真ん中の妹は、インド人の男性と結婚し2人の子どもをもつ、そうした多様なエスニック・バックグラウンドを親族に持つ家族、②台湾で看護師をし、オーストラリアの大学院で高度なナーシングスキルを学ぶために留学した女性で、インドからの留学生と結婚し、2人の子どもをもつ家族、③イングランド系のバックグラウンドを持ち、次女がセネガルの打楽器タムタム演奏者と結婚した家族、④英語教師の免許を取得するためにオーストラリアに留学した日本人女性でオーストラリア男性と結婚し、2人の子どもを持つ家族、⑤アイルランド系の母と先住民の父を持ち、ベトナムから難民として移住した夫との間に、2人の娘が生まれ、居候する叔母がいる家族、⑥オーストラリア先住民で父がヨルタ・ヨルタ、母がワンバ・ワンバ、そしてヨルタ・ヨルタの夫をもつ家族である。

表3.4 龍谷大学の実践プログラムⅡ（オーストラリア語学文化研修）の詳細

1. プログラム名	龍谷大学国際学部・国際文化学科・実践プログラムⅡ（オーストラリア語学文化研修）
2. 派遣地域・受入機関・時期	メルボルンにある語学学校、大学、先住民代表機関、オーストラリア南東部の地方町にある先住民代表機関、先住民医療機関、先住民教育機関 時期：8月中旬から9月上旬（約1カ月）
3. プログラムタイプ	交流・調査・体験を重視（講義・見学・体験・交流・インタビュー・アンケート）
4. 目標と概要	【目標】オーストラリアの多文化・多民族社会の現状、殊にオーストラリア先住民の問題に学ぶことで、日本における多文化社会のあり方について具体的に考案することができる。 【概要】1970年代からオーストラリアは多文化主義を国策として展開してきた。本研修では、殊に移民政策と先住民政策、それに対する移民や先住民の対応に注目し、現代オーストラリアにおける多文化社会のあり方について学ぶ。とりわけ現地の先住民について扱う博物館、各種団体、大学などの教育施設を訪問し、大学や博物館では共同講義を試みる。さらに先住民コミュニティを訪問することで、彼・彼女らの実態について深く理解する。
5. 対象学生の特色	国際学部国際文化学科に設置された必修科目。2回生以上対象。事前に希望調査を提出させ、受講生を決定。
6. 関わった教職員	教員1～3人：日本人教員1人（筆者：2018年度は1人）、（海外にルーツをもつ教員2人） 日本人教員：文化人類学者（筆者）、海外にルーツを持つ教員①：国際経済学者、海外にルーツを持つ教員②：社会学者
7. プログラム概要	事前研修： 【第1回】プログラムの概要と事前課題（現地での研究テーマと調査方法の決定） 【第2回】講義：オーストラリアの移民と先住民 【第3回】旅行会社からの説明、現地訪問先の紹介、危機管理 研修期間中 ①【講義】事前学習3回、現地研修8～10回（語学）、7回（文化） ②【見学】現地研修8～10回、その他（学生の自由選択） ③【体験】現地研修3回 ④【交流】現地研修4回 ⑤【振り返り】現地研修2回、事後研修3回 事後研修 ①【振り返り】調査結果の報告と情報共有 ②【発表準備】発表と報告書原稿の確認 ③【発表】最終報告と報告書提出
8. 評価方法と基準	計画書、フィールドワーク中の記録（映像、写真、インタビューのメモ、文字化資料など）、最終成果発表会
9. 研修後の成長のためのフォローアップの方法	・SNSでグループを作り、参加学生がつながる環境を提供。 ・一対一での個人面談。 ・次年度の参加予定学生に対するグループオリエンテーションへの招待とそこでの体験の発表機会の創出。 ・プログラム修了学生の数名が筆者のゼミに参加しており、卒業論文などの指導。

10.実施上の留意点	・事前学習の1コマ程度を旅行会社による安全管理・危機管理などの説明。 ・現地でのフィールドワーク実施のための倫理規定に対して事前指導。 ・事前に現地で起こる可能性があるリスクに関する説明。

表3.5　龍谷大学　実践プログラムⅡ（オーストラリア語学文化研修）　行程表

月　日	2016年旅程	月　日	2017年旅程	月　日	2018年旅程
8月24日	飛行機移動	8月19日	飛行機移動	8月18日	飛行機移動
8月25日	メルボルン到着 メルボルン博物館(バンジャラカ) 戦争慰霊碑	8月20日	メルボルン到着	8月19日	メルボルン到着
		8月21日〜9月2日	語学学校 8月22日　ヴィクトリア大学（ムンダニ・バルク）	8月20日〜8月31日	語学学校 8月29日 ヴィクトリア大学（ムンダニ・バルク） 8月30日　メルボルン大学（ウィリン）
8月26日	メルボルン大学（ウィリン）	9月3日	電車にてシェパトンへ移動	9月1日	自由行動
8月27日	クーリィ遺産センター デボラさん自宅	9月4日	シェパトン： シェパトン地方裁判所 スポーツと健康に関する先住民教育機関（アッシュ）スポーツワークショップ	9月2日	電車とバスにてエチューカへ移動
8月28日	バスにてエチューカへ移動	9月5日	バルマ国立公園： ダルニヤ・センター 編み物ワークショップ エコクルーズ	9月3日	エチューカ： 先住民医療施設（ニュンダ）、先住民保育所（ベリンバ）

第3章　大学でのスタディツアー

8月29日	エチューカ：先住民医療施設(ニュンダ)、先住民保育所(ベリンバ)	9月6日	エチューカ：先住民医療施設(ニュンダ)、先住民保育所(ベリンバ)バスと電車にてメルボルンへ移動	9月4日	バルマ国立公園：ダルニヤ・センター 編み物ワークショップ エコクルーズ クメラグンジャ・アボリジナル・コミュニティ バスにてシェパトンへ移動
8月30日	バルマ国立公園：エコクルーズ、ダルニヤ・センター、編み物ワークショップ	9月7日	自由行動 飛行機移動	9月5日	シェパトン：スポーツと健康に関する先住民教育機関(アッシュ)、スポーツワークショップ バスにてメルボルンへ移動
8月31日	シェパトン：先住民医療施設(ルンバララ)、スポーツと健康に関する先住民教育機関(アッシュ) バスにてメルボルンへ移動	9月8日	帰国	9月6日	自由行動：台風21号の被害で関空が閉鎖になり集団行動 飛行機移動：飛行機の出発時刻が遅れる
9月1日	メルボルン：ヴィクトリア大学			9月7日	帰国：関空着が中部国際空港へ着
9月2日	自由行動 飛行機移動				
9月3日	帰国				

第4章

自治体と大学における スタディツアー

　ここでは、まずインターユース堺と龍谷大学におけるスタディツアーの類似点と相違点を挙げる。その後、「ゲスト」となる参加者すなわち団員と学生、企画主体となるインターユース堺と龍谷大学、さらに「ホスト」となる現地社会や住民、そして「ホスト」と「ゲスト」をつなぐ「コーディネーター」である私という、それぞれの視点からスタディツアーについて考察する。その後、こうした立場を一括りにすることの限界について示したうえで、「ゲスト」「ホスト」「コーディネーター」といった役割だけに収まりきらない事例を提示する。

第1節　自治体と大学におけるスタディツアーの類似点と相違点

　すでに述べたように、インターユース堺と龍谷大学でのスタディツアーは、メルボルン市内とオーストラリア南東部マレー・ゴールバーン地域でのフィールドワークがメインであり、それを私が「コー

ディネーター」として計画し、事前・現地・事後の研修を受け、そうした成果を報告書やレポートにまとめて発表と提出する点では同じである。しかしながら、こうした表面的な類似点に対して、あたりまえのことではあるが、その内実は全くの別物である。

　まず、インターユース堺の団員と龍谷大学の学生は、その年齢や社会的な属性に大きな違いがある。インターユース堺の団員は先述の通り、高校生以上で15歳から30歳までの青年である（2018年度以降、15歳から32歳までの青年）。また、社会的属性は高校生に加えて、短期大学生や大学生、さらに社会人と多様である。そうした属性をもつ団員たちは、毎週金曜日の19時から21時まで11回の事前学習を受ける（2017年度以降はプレミアムフライデーが導入されたため、毎週木曜日の19時から21時までに変更）。

　これに対して、龍谷大学での事前学習は3回から4回で、学生の社会的属性はもちろん龍谷大学国際学部の学生である。ただし、16年度には精神科医や他大学からの飛び入りの参加者があった。さらに16年度にはスリランカから1人、17年度には中国から2人の留学生が参加した。

　こうした団員たちの社会的属性の違いと、事前学習のレベルにより団員と学生が設定する研究テーマやそれに対する研究計画を作成する際のモチベーションや質が大きく違ってくる。

　これは、事後学習や成果発表のための機会の多寡にも表れる。インターユース堺では、帰国後も多様な社会的属性をもつ団員たちが収集したアンケート調査の結果や写真を交換し合い、団員各自が報告書に載せる原稿と堺市への報告会に必要となる原稿の作成に取り組む必要がある。その傍らで、団員たちはグループワークを通して展示パネルを作成する。そうして収集したデータや展示パネルは、近隣の小・中・高の学校や市民団体、さらには大学での出前講座や市民フェスティバルなどで披露される。加えて、クリスマス時に

サンタクロースの格好でプレゼントを届ける、ヤングサンタの社会貢献事業や、次期団員が決定すると、自らのスタディツアー経験を、新しい団員へと受け継ぐことが求められる。

一方で、龍谷大学の学生は、帰国後に2回から3回の事後学習を受け、そこで、現地で収集した情報を報告書にまとめ「実践プログラムⅡ」の単位取得に備えることになる。

さらに、インターユース堺の団員たちは5万7千円（2015年度以降は7万3千円）の出費だけで、大阪からメルボルンの往復航空券そして地方町と現地の交通費に加え、朝・昼・晩の食費が全てカバーされる。これに対して、龍谷大学の学生は30万円から43万円の費用に加えて、昼食と夕食の出費が必要になる。インターユース堺の場合は、堺市から助成金があるのに対して、龍谷大学の場合は、教員の旅行滞在費と現地での講師への謝礼金が大学より支給されるだけである。

また、インターユース堺の場合には毎年、3人の役員（男性）と1人のコーディネーター（私）、さらには1人の添乗員（女性）と合計5人（2015年度以降は堺市からの予算が削減されたこともあり、役員が1人減り4人）が12人の団員につき、移動も全て専用貸し切りバスである。龍谷大学の場合は教員が1人ないしは2人で、オーストラリア国内の移動は一部を除き全て公共交通機関となる。

この引率者の人数の違いは、危機管理の時の対応に顕著に表れる。たとえば、2013年度のインターユース堺でのスタディツアーでは、1人の女性団員が高熱を発熱し、多くのプログラムに参加が叶わなくなった。この時にインターユース堺会長と添乗員が交互に付き添いをして世話をした。こうした対応は、インターユース堺が作成する危機管理マニュアルにもとづくものであり、たとえ引率者が変更したとしても誰もが一定の対応ができるようになっている。また、組織としてもひとたび問題が生じると、現地と日本の事務局との役

割体制が明確にされており、その役割には堺市のみでなく、メディアやプレスへの対応も想定されている。

　一方で2018年度の龍谷大学のオーストラリア語学文化研修では、第3章の付記にも詳述した通り台風21号の影響で関空が閉鎖する未曽有の被害を受け、私と学生は予定通りの行程で帰国できなかった。その際に対応ができたのは、私1人であり、龍谷大学の事務職員はもちろん、旅行会社ですら的確な対応ができなかった。

　このようにインターユース堺は引率者と危機管理の体制が充実しているのに対して、龍谷大学の実践プログラムでは引率する教員の数や危機管理体制には不明瞭な点が多い。

　ただし龍谷大学の学生の場合は、あくまでも「実践プログラムⅡ」の授業の一環であり、この授業は卒業に必要となる必修科目であるため、単位の取得が必要となる。更には、2017年度以降は必修の2単位に加えて、語学科目の2単位の取得が可能となり、語学力の向上も図ることができる。また語学学校が終了した後は他国からのクラスメイトと出かけるなど、自由行動できる時間が多く、学生に対する日常生活の拘束が少ないといえる。

第2節　インターユース堺と龍谷大学の　　　　　スタディツアーにおけるそれぞれの　　　　　立場

　まず、インターユース堺の団員がスタディツアー終了後に作成することが義務付けられている報告書『みんなで開こう未来の扉』に掲載されたレポートの内容について見ていく。その後、龍谷大学の学生が作成した報告書に注目する。さらにスタディツアー運営母体のインターユース堺と龍谷大学、そしてコーディネーターである私、さらにホストとなる先住民社会、とりわけお世話になった個人の語

りに注目し、それぞれの立場について考察する。

(1) インターユース堺スタディツアーにおける団員の立場

　2012年度の報告書『みんなで開こう未来のとびら』に掲載されたレポートのタイトルは次の通りであった（インターユース堺, 2013）。

資料4.1　2012年度報告書

資料4.2　2013年度報告書

資料4.3　2014年度報告書

①「食文化について」
②「アボリジナルの食生活について」
③「オーストラリアの水問題」
④「自然と水の関わり」
⑤「スポーツと人権」
⑥「オーストラリアと日本の若者の現状と比較」
⑦「オーストラリアの移民」
⑧「オーストラリアの女性の社会進出について」
⑨「アボリジナルの健康に対する考え方」
⑩「アボリジナル・アートの今と昔」
⑪「文化と民族」
⑫「アボリジナルの人にとって地縁とは」

2013年度の団員のレポートのタイトルは次の通りであった（インターユース堺，2014）。

①「アボリジナルにとってのスポーツ」
②「『音楽』をとおして」
③「水～限りある資源の利用～」
④「アボリジナルの宗教観」
⑤「オーストラリアと日本の現状」
⑥「若者の差別からの脱却」
⑦「食生活から見える病気」
⑧「今も残るアボリジナルの言語」
⑨「アボリジナルの健康と医療」
⑩「過去の歴史をどう伝えるか？～オーストラリア先住民から学ぶ～」
⑪「つながり」
⑫「アボリジナルの人たちにとっての自立に向かって」

2014年度のレポートのタイトルは次の通りであった（インターユース堺，2015）。

①「現代に伝えるアボリジナル・ダンス」
②「音楽について」
③「人びとと音楽のつながり」
④「進化する文化～現代アートとの融合」
⑤「アボリジナルの言葉」
⑥「スポーツの力」
⑦「ともに生きていく」
⑧「今を生きる子供たちへの文化伝承」
⑨「「ひと」から「ひと」へ～私は平和する」
⑩「オーストラリア先住民の青年たちにおける家庭教育～アッシュで出会った青年から見えたもの」
⑪「What is "アイデンティティ"？」
⑫「Respect」

2012年度のレポートでは、先住民を自然と共存する人びとなどと理想化したレポートは上記番号にもとづくと①、②、⑨、⑫の4本であった。一方、先住民を私たちと同じ現代社会を構成する一員として捉えたものは⑥の1本にすぎない。そこでは、アボリジナルの若者が日本の若者と変わらない例として、スポーツと医療に関する先住民教育機関アッシュを訪問したときのインターユース堺会長のはじめの挨拶の途中で、あるアボリジナル学生がその話に退屈したのか机の下に隠したスマートフォンに目をやる行動に注目している。さらに、日豪の比較をしたレポートもこの⑥のみに限られていた。

　これに対して、2013年度のレポートでは、先住民を理想化したレポートは④のみで、先住民を現代社会の一員として扱ったレポートは②と⑪の2本であった。②のレポートは、アボリジナルの伝統的なダンスをする男性ジャックさんが夜になるとパブでジャズ演奏者として名をはせている事例をあげる。⑪の例では、福島第一原発事故について、そこで使用されているウランがオーストラリア先住民の聖地から採掘されたものであることを伝え、それを阻止できなかったことに対して謝罪するアボリジナル女性マリーさんをとり上げ、原発という同時代的な問題について述べている[1]。また、この⑪のレポートは日豪比較を試みたものでもあり、そうしたレポートは⑤、⑨、⑩、⑪、⑫と5本にのぼる。

　さらに2014年度のレポートでは、先住民を理想化したレポートは見られず、先住民を現代社会の構成員として扱い、日豪の比較をしたレポートが目立った。たとえば、②、④、⑦は、音楽やアートさらには宗教を題材として、現代社会を基軸としつつ今日のオーストラリア先住民の音楽やアートそして宗教を過去のものとせず、西欧の音楽や現代アート、さらにはキリスト教の宗教行事との融合と見なしている。そのためオペラやアルミでできた巨大なオブジェなどを利用して作成された現代アートや、クリスマスやイースターを

祝う現代的な習慣など、アボリジナル「文化」がつねに変化することを強調している。これは現代社会と先住民との関係を表している例である。

　また⑧は、先住民が子どもに文化継承するさいに、「遊び」を通じて実施していることを、事前研修の講師であるアイヌ女性と現地チャイルド・ケアー・センターで働くアボリジナル女性の語りから明らかにしている。さらに⑩は家庭教育に注目し、日本国内において子どもの学力の程度が、親の年収や学歴の高さに左右されることを、オーストラリア先住民にも当てはまるかどうか検討した。

　私の立場からいえば、全体的にみて 2012 年度の団員たちは消極的であったといえる。それはコーディネーターである私が、インタビューや写真の取り方などを先住民コミュニティの個人との交渉にもとづいて制限し、信頼関係構築を優先したためである。このため、森林内にある先住民集団にとって重要な場所への踏み入れや撮影が禁止され、神話や絵画の写真撮影も制限された。もちろん質問をするときも必ず語り手から同意をもらうことを徹底した。

　一方で 2013 年度と 2014 年度の団員たちは、前年度の方法を踏襲したものの、全体的にみて積極的な態度が目立った。その理由には、インタビューや写真の取り方などは、先住民コミュニティの先住民自体が前回の経験もあり、それほど警戒しなかったため、団員の自主性にまかせることができたからである。このため、先住民コミュニティからは神話を描いた絵画の写真撮影の許可や、2012 年には入館させてもらえなかったダルニヤ・センターへの入館および、そこでのダンス・ワークショップや編み物ワークショップも可能になった。こうしたホスト社会との関係はアッシュでの対応に最も顕著に表れている。

　2012 年度の訪問の際は、アッシュの学生と同じテーブルを共有した授業や郊外でのスポーツ・アクティビティを一緒に受けられな

かったが、2013年度と2014年度はそうした授業を受けられるほどの信頼関係を得た。このように、先住民コミュニティへの許可などにそれほど神経質になる必要がなくなったのである。

（2）龍谷大学スタディツアーにおける学生の立場

オーストラリア語学文化研修に参加した学生は、5000字のレポートを、前期の「実践プログラムⅠ」で立てた研究計画書にもとづき作成する。これにより2単位（2017年度以降は「実践プログラムⅡ」の2単位に加えて、45時間の語学研修とそれに関する報告書の提出による語学科目の2単位）が修得できる。ここでは2018年度の報告書が未完成のためそのタイトルを提示するだけにとどめ、2016年度と2017年度の学生の報告書に注目する。

2016年度の学生が提出したレポートのタイトルは次の通りであった。

①「オーストラリア先住民の文化継承」
②「オーストラリア先住民と文化の伝達」
③「オーストラリア先住民の義務教育について」
④「先住民の教育」
⑤「オーストラリア先住民の就職問題について」
⑥「オーストラリアの食生活」
⑦「子育てが外れる先住民子どもに対する問題」

2017年度の学生のレポートのテーマは次の通りであった。

①「メルボルンの歴史的建造物から見る多元宗教～キリスト教を中心に」
②「メルボルンの都市環境と日本の都市環境の比較～なぜ、世界一住みやすい街と言われるのか」
③「なぜメルボルンは世界一住みやすい街なのか交通機関に着目して～京都市の改善点を考えながら」
④「ストリートアート～日本との認識と一般的な捉え方の違い」

⑤「ストリートアートに対する感受性の差異」
⑥「日本人とオーストラリア人のペットに対する意識の違い～日本のペット市場の拡大とその効果」
⑦「SNSや口コミ情報サイトと人びとがどのように関係しているか～口コミ情報サイトで人気のカフェと地元の人びとがよく行く通りにあるカフェの違いから」
⑧「オーストラリアの教育～オーストラリアの教育政策と先住民の特別な教育」
⑨「オーストラリア先住民の教育の現状～言語教育に注目して」
⑩「オーストラリア先住民の教育について～多文化主義政策の背景において、先住民の現状と問題点」
⑪「ドラッグとアルコール問題について～オーストラリア先住民族に着目して」
⑫「オーストラリア先住民の食事に関する問題について」
⑬「アボリジナル・アートと観光～ブローカーの視点からの流通」
⑭「アボリジナル・アートとお土産～先住民の人びとへのメリットとデメリット」
⑮「オーストラリアの移民に関する研究～高技能人材がオーストラリアの経済にもたらす影響」

2018年度のレポートテーマは次の通りであった。

①「日本人とオーストラリア人のDAISOにおける消費行動の違い（仮題）」
②「オーストラリアの食文化-現地人からみるオーストラリアの食（仮題）」
③「日本とオーストラリアの国民性の違い-京都とメルボルンのカフェの目的の違いを比較して（仮題）」
④「オーストラリアのアルコール問題～先住民に注目して（仮題）」
⑤「オーストラリアの医療制度～充実度に注目して（仮題）」
⑥「オーストラリア先住民族と非先住民族の互いの認識について（仮題）」
⑦「オーストラリアの喫煙問題について～日本との比較（仮題）」

2016年度の学生の報告書では、いずれも先住民の問題を扱っている。そこでは文化伝承、教育、雇用、そして食に注目した報告書が提出された。学生たちには、まずテーマに対する目的と意義を明確にさせ、次いで調査方法を確定することを求めた。さらに、調査結果の提示とそれに対する考察をさせ、最後に参考文献を付けて発表と報告書を完成させた。

　①と②は、先住民文化の継承について扱ったレポートである。そこではまず、植民地化の過程で白人社会の価値観を植え付けられ、アボリジナルとしての独自の文化を喪失した南東部のアボリジナルに触れている。そして、そうした失われた文化を取り戻そうとするアボリジナル個人に焦点を当て、映画やオペラなどの現代アートと融合させながら主体的に発信する事例が記述されている。

　また、③と④では、先住民の教育について詳しく調べており、特に先住民と非先住民の学生の教育レベルの違い、教育方法そして理解の仕方に焦点が当てられている。まずヨーロッパ型の教育では、学校の教室で学生が積極的に、時に協調性を重んじながら個人の興味を追求する。これに対して、先住民型の教育では、教室だけでなく、たとえば近隣の先住民が運営する組織や、森林や川に赴き体験型の学習をする。そこでは教師だけでなく家族、または親族をも交えた教育が実施される。そうした非先住民と先住民の教育方法の違いについてこれら2つの報告書は述べている。

　さらに④では、イヤー12（高校3年生で大学進学コース）の先住民学生の高いドロップアウト率について、その理由に注目している。そこでは学生が置かれている家庭環境、たとえばシングルマザーで、生活保護を受けている家庭で学習習慣が整っていないことが強調された。また、⑤の就職問題に注目した報告書では、就学率の低さと、そうした就学率を高めるための限定的な財政援助などが述べられた。

　⑥の食文化を扱ったレポートでは、伝統的な食べ物を一般的にエ

ネルギー量が少なく、タンパク質が多く、脂肪が少ないと定義づける。しかし、現在はそうした食べ物は森や川で取れなくなり、地方町にある唯一のストアでは、ファストフードや加工食品が多く、それらを食べることが食習慣になった。このため健康状態に悪影響を与えていることを、インタビューのデータと先行研究から述べている。特に20代の若者に成人病が多いことも強調した。更には、イギリスから持ち込まれた牛や羊が、オーストラリアの大地を荒らし、環境問題を引き起こしている点も指摘された。

　このように2016年度の学生による報告書は、先住民の現代的な課題をテーマとしたものの、日豪との比較を試みたものは見られなかった。

　2017年度の報告書は、テーマを見てもわかる通りバラエティに富んだものであった。分類すると、メルボルンの食文化や住環境に関するもの、先住民の問題、とりわけ教育、ドラッグとアルコール、そしてアートに関するもの、移民問題に関するものがあげられる。加えて、ペットに対する意識に関する調査も行われた。

　学生たちには、16年度と同じくまずテーマに対する目的と意義を明確にさせ、次いで調査方法を確定することを求めた。さらに、調査結果の提示とそれに対する考察をさせ、最後に参考文献を付けて発表と報告書を完成させた。16年度と異なる点は、調査方法に関してで、現地でのアンケートとインタビュー、さらに観察に加えて、帰国後にSNSの補足アンケート調査などが実施された。アンケートに関してはGoogleフォームを利用し、そこにURLとQRコードを添付することで、調査対象者がインターネットに接続できる環境にあればいつでも回答ができるようにした。この方法で、②がオーストラリアで50人、日本で50人、⑥がオーストラリアで25人、日本で25人、⑮がオーストラリアで50人のアンケートに対する回答を得た。以下に各報告書の概要を示す。

①ではメルボルンの多元宗教について観察と内容分析の調査にもとづき注目しつつ、日本における多元宗教にも注目した比較検討がなされている。②ではメルボルンが世界で最も住みやすい街である理由について、日本との比較からアンケート調査にもとづき検討し、「多文化が共存している」点をその大きな要因として挙げている。また③もメルボルンと京都の住みやすさについて交通面に、また韓国の留学生のインタビューから治安の良し悪し、さらにマレーシアの留学生へのインタビューから四季の有無に注目し、いずれの要素においてもメルボルンが優れていると位置づけている。

　④と⑤は、メルボルンのストリートアートの位置づけについて明らかにしようとする。④では海外からきた観光客と地元オーストラリア人の捉え方を観察とアンケート調査から記述する。⑤では、日本のストリートアートの理解との比較を通して、観察と内容分析の調査からメルボルンのストリートアートの意味づけを試みている。

　⑥では日本とオーストラリアにおけるペットに対する意識を、アンケート調査によって考察する。そこでは、オーストラリアも日本もともにペットを飼うために十分な土地を確保できないことをあげている。一方で日本がオーストラリアに比べて飼い主のペットにたいするお金の消費率が高いことを明らかにしている。

　⑦は、トリップアドバイザーで上位3位までのカフェとメルボルン市内の観光インフォメーションセンターで聞いた地元の人行きつけの3つのカフェの違いについて、観察とインタビュー調査を通して明らかにした。前者のカフェは、明るく魅力的なアートが描かれており、客層はその多くがSNSを通してきた観光客や若年層であるのに対して、後者は年配の夫婦や家族連れで、広い空間でゆっくりと過ごせる特徴があることを明らかにした。

　⑧、⑨、⑩は先住民教育とりわけ、制度上の問題、中国の少数民族への教育との比較、そして先住民の言語教育に注目したものであ

る。⑪では先住民のドラッグとアルコールの問題、⑫では先住民のブッシュフードについて扱っており、いずれも近年の政府からの生活保護による現金支給に大きな問題があることを指摘する。

⑬と⑭は観光客向けのアボリジナル・アートの流通と真正性について調査している。⑬では流通の方法が、作者、ブローカー、購買者という流れと、作者から直接に購買者という流れの2ルートがあることを明らかにしている。⑭では先住民が作成したアボリジナル・アートと他国で土産用に生産されるアボリジナル・アートに注目し、前者が州と連邦政府が発行する証明書を通して真正性を担保していることを明らかにした。

⑮は中国から来た移民の男女それぞれ25人にインタビューし、その49パーセントが留学生であり、さらに50パーセントの回答者が移民した理由を中国の経済発展であり、既に一定の英語力を有していることを明らかにした。このため、近年中国からオーストラリアに来る移民は高度技術移民であるとする先行研究を例証している。

このように、2017年度の学生の報告書は、現代的な課題に加えて、日豪の比較、さらにはその他の国との比較をも試みた報告書が見られた。

(3) インターユース堺の立場

事業主体であるインターユース堺は、事前研修では明確な調査方法にもとづくテーマを設定し、現地では一貫して、可能な限り質問し、写真を撮ること、すなわち記録することを団員たちに要求した。さらに事後研修では、団員たち各人が設定したテーマについて堺市や市民に対して、いかにわかりやすく効果的に報告できるかが中心の課題とされた。このために報告書を完成することと、展示パネルの作成が団員たちには課せられる。

さらにすでに述べたように、団員たちには、出前講座や人権フェ

スティバルなどでの啓発、ヤングサンタのような社会貢献に従事することが求められる。但し、主催者としてのプログラムの一貫性とスタッフ同士の関係はその歴史の長さに比例して大変良好である。主には、インターユース堺の事務員は堺市役所からの出向と教育委員会からの出向、さらにYMCAと企業であるクボタそして民間団体である部落解放同盟が関わっている。こうしたアクターに加えて団員のOBとOGが加わることでその厚みが増しているといえよう。

　ただし、第2章の付記でも示したとおり、2015年度以降のインターユース堺海外派遣授業は、予算が大幅に削減され、参加者の負担金も増額された。このため各年度の応募者数も12人の募集人数を下回っている。また、このスタディツアーに応募できるのが、堺市在住の15歳（中学生を除く）から30歳までの若者に限られている。こうした予算の問題や応募者の限定条件も今後は見直すことが求められるであろう。実際、2018年度の台湾でのスタディツアーでは、堺市在住の若者の年齢上限が32歳まで上げられた。

（4）　龍谷大学国際学部の立場

　龍谷大学国際学部は、すでに述べたように、本プログラムが2回生から始まる「実践プログラムⅡ」の1つで、後期2単位の必修科目として位置づけている。このために学生に対しては、危機管理と単位承認のための事務的な対応をすることになる。一方で、担当教員に対しては、各プログラムに対する予算を計上し、そのプログラムの充実化を図るよう助言するにとどまっている。実際、教務課の職員が「実践プログラムⅡ」の運営会議に参加することは2016年度に限っても、数回に過ぎなかった。ちなみに、会議の開催数は2018年7月11日時点で64回にのぼる。このため教員の連携はうまくいっているのだが、教職員の関係は良好とは言えない。

　こうした教職員の関係については、黒沼と大川の桃山学院大学と

上智大学での実践例が示唆に富む。そこでは、「教職協働」が重要であるとし、教員と職員の職域を分断するのではなく、互いに職域を尊重しながらプログラムを進めることが必要であるとされる。さらに職員の専門性を高めることで、プログラムの制度化と学びを支える職員の参画が、今後ますます求められていることを強調している（黒沼・大川, 2017：133-150）。

(5) コーディネーターの立場

コーディネーターである私は、ホスト社会との連絡、団員の選考委員として2回の選考会への出席、結団式の参加、3回の事前学習の講師、堺市市長表敬、現地通訳、事後の報告書作成とそれまでのチェック、報告書の要約とその翻訳、お礼の手紙や写真の郵送、修了式の参加が求められる。2011年から2014年までに、私がホストとなる現地社会と連絡を取った回数は11年が23回、12年が48回、13年が54回、14年が89回であり、合計214回であった。このインターユース堺の任務に加えて、週3日は大学で授業をもち、さらに研究活動を継続し、大阪の公益財団法人にて週2日のアルバイトをするなど仕事と課題に忙殺された。きわめて多忙な状況でのコーディネートのため、2014年6月に日本国際理解教育学会で本スタディツアーについて発表した際に、会場から、私が倒れれば代役がいるのかどうかという質問を投げかけられたが、この質問に対し私は的確に返答する言葉を持っていなかった。

龍谷大学で私は、インターユース堺時代に行ったことと同じくホストとなる現地社会への連絡、それ以外には学生選考のための個別指導、同僚の教員との4回の事前学習と現地引率と通訳、さらに事後の発表会と報告書作成を含めた3回から4回の授業、さらに学生への単位承認が求められる。

ただし、私が現地社会と連絡を取った回数は2014年まで継続し

たインターユース堺の時に比べ格段に減少した。それは、インターユース堺での経験にもとづく現地先住民コミュニティからえた信頼関係、連絡をするツールの一元化とプログラムのルーティン化（訪問先の担当者を限定しての交渉）によるものである。

連絡ツールの一元化とは、SNSとりわけMessengerを使ってホストとなる現地社会との連絡を取ることに限ったことである。2016年が53回、2017年が33回、2018年が22回であり、合計92回であった。また、現地社会の担当者とは①ヴィクトリア大学勤務（2018年からはヴィクトリア州政府の職員）の先住民の女性ベッカさん、②メルボルン大学勤務の先住民の女性デボラさんと男性テリクさん、③アッシュで勤務の先住民男性アリさんと非先住民男性フィンさん、④州政府で環境管理を担うパークス・ヴィクトリアでレンジャーを務める先住民女性リタさん、⑤エチューカ地方町の自治体職員として先住民文化教育の講師を務める先住民男性ロッキーさんであった。

さらにはインターユース堺の時の社会状況とは異なり、私は龍谷大学を本務校としており、そこでの授業の一環として本プログラムを実施しているため、いくつもの仕事を掛け持ちする必要がなくなった。ただし、実践プログラムの実行委員会の会議は先述の通り64回にのぼり、それらの会議はお昼休みを中心に昼食をとりながらのものであった。

こうした現地社会とのコーディネートに関する実労働時間とは別に、むしろそれ以上に私にとって気を抜けなかったのは、現地社会である先住民コミュニティや個人との間で長きにわたり築き上げてきた信頼関係についてである。

インターユース堺と大学でのスタディツアーを実施した私と現地社会との関係で、それ以前の現地社会との関係と大きく異なる点は、現地社会の対象を限定した点と、限定した先住民コミュニティの団体や個人との間に利害関係が生まれた点である。すなわち、限られ

た期間で、現地社会でのフィールドワークを実施するためには事前に受入機関を選定し、その受け入れに対して謝金を支払うという利害関係が生まれたのである。

　インターユース堺のスタディツアーでは、各受入団体に対して旅行会社とインターユース堺が対応したため謝金の明確な金額はわからないが、通常は1機関に対して100ドルを支払っていた。ただし、編み物ワークショップとダンス・ワークショップさらにアッシュに関しては、200ドルから600ドルまで、その年の要求に応じた額を支払った。

　龍谷大学の実践プログラムでは、2016年度と2017年度が、アッシュを除く各機関に対して、一律300ドルを支払い、アッシュに対しては600ドルを支払った。ただし、2018年度は、各機関に対して半額の150ドルと編み物ワークショップには200ドルさらにアッシュには400ドルを支払った。これは、引率者がそれまでの2人ないしは3人から、1人になり、このため全体予算が削減されたからである。

　こうした調査地の選定と謝金によって、私と先住民コミュニティとの関係はどのように変化したのであろうか。

　まず私がフィールドワークをしていた2005年から2010年にかけて、先住民コミュニティから現金の要求をされたことはほとんどなかった。2007年に、当時バルマ地方町に在住のヨルタ・ヨルタ青年に、私が所持していた中古車のトヨタ・カムリ・ステーションワゴン1989年式を貸してほしいとの依頼があった。その要望に応えて私は彼に時々車を貸していた。また、地元の先住民の若者がフィッシングやハンティングに行くときには私の中古車が役立った。しかし、ある日、これまでに何度も記述した、パークス・ヴィクトリアのレンジャーであるリタさんに、「あなたはタクシードライバーのように扱われている。車を貸すなんて、もし事故でもしたらどう責

任を取るの」とこっぴどく叱られた。

　現在において先住民の在り方を示す1つの事例に、長きにわたり確立された独自の文化的価値観や行動様式となるディマンド・シェアリング（要求を契機に行われる財の分配）という慣習がある。これは、先住民の日常生活における相互扶助の在り方である。具体的には日常の社会関係を食料、子守、金銭のやり取り、車での送り迎えなどの基本的な資源の共有を通して捉え、そうした物資の分配にもとづいて社会関係を再清算するための行為である（Peterson 1993; Macdonald 2000; Babidge 2010; 栗田 2018）。私はそうした慣習の中に入ることで、先住民コミュニティから信頼を得ていると思っていた。

　しかし、実際は先住民コミュニティから求められるよりも、私が先住民個人に要求することで、1泊2日のショートステイから1カ月にもおよぶロングステイを許可していただいた。また、中古車を手放してからは、バルマ地方町からエチューカ地方町に食事の買い出しに行くときには、よくヴァイニー・モーガン医療センターの送迎サービスを利用した。さらに2007年からおよそ1年間、バルマ地方町のヨルタ・ヨルタ女性とともに60歳以上の住民と精神的・身体的な障がいをもつ住民に対して週2回の昼食配給サービスをし、配給用の車を運転もしていた。つまり、私がディマンド・シャアリングの慣習を活用していたといえるし、先住民コミュニティや個人も私の要求を受け入れて、時に私を利用していたともいえる。

　2012年度からスタディツアーを実施してからの私は上記の経験を一度もすることなく、限られた時間の中で、行程表にもとづいて対象地を訪問し、そこでスタッフから話を聞くというルーティンワークであった。そうした時間を先住民コミュニティから謝金と交換に購入することで、主催者側の要求を満たし、単位に必要な時間数を確保してきたにすぎない。裏を返せば、現地でお世話になる私

の友人たちは、私との関係を通したスタディツアーのアクターとして団員や学生たちに対して、「先住民」を演じていたのではないだろうか。次にこうした対応について詳述する。

（6）ホストの立場

　ホストの先住民コミュニティの反応は個人により様々であるが、一定の傾向を見て取れる。そうした傾向は大きく５つに分けられる。１つはゲストを受け入れることを歓迎し、他人がアボリジナル文化や歴史を学ぶことでアボリジナルの若者たちが自尊心を高める助けになるとする考えである。たとえば、エチューカ地方町にて先住民文化教育の講師を務めるロッキーさんは、「海外の学生が私たちの文化や歴史を学ぶことで、私たちの若者や子どもたちが、自分たちの自尊心を高めることになる」という。また、ヴィクトリア大学の先住民センター所長を務めるアンさんは、「沢山の人に私たちの文化を学んでほしい」と述べつつ、団員や学生たちからの質問が多すぎると苦笑していた。

　２つ目は、無知が差別や偏見を助長するという考えである。メルボルン市内のクーリィ遺産センターにてクロス・カルチャル・オーガナイザーをするトレンさんは、「先住民の文化や歴史を知らないことが差別や偏見を生み出す原因になる」ことを強調した。さらに、シェパトンのスポーツと医療に関する先住民教育機関アッシュでリエゾン講師を務める非先住民でヨーロッパ人の出自を持つフィンさんも、「この街にすむ多くのヨーロッパ人は、先住民の歴史や文化を知らない。このことは、メルボルンなど大都市に行けばさらに多くなる。だから、無知が差別や偏見を助長する」と語った。

　３つ目は、アボリジナル当事者が他人に聞かれても答えられないことがあるという返答と、さらに他人に聞かれることがアボリジナル個人にとっても自らの文化や歴史を学ぶ契機になるとする考えで

ある。たとえば、アッシュで先住民教師を務めるアリさんは、「文化や歴史を知らない先住民の若者が多い」と嘆く。しかし、ダルニヤ・センターにてアボリジナル・ダンスのワークショップを開いてくれた20代の2人の先住民ダンサーの内、女性ダンサーのリリーさんは「ダンスで自信がついた。こうした経験を、先住民の文化や歴史を知らないで自分を恥じている友人や親族に伝えたい」と語る。さらにエチューカ地方町で保育士として先住民保育園で所長を務めるベティーさんは、文化や歴史について答えることが困難であると返答すると同時に、一方で自文化を学ぶ良い機会であるとも述べた。さらにアッシュにて先住民スポーツインストラクターをする男性ダンさんは、「メルボルンで生まれ育ったので現在自分たちの文化について学んでいる」と漏らした。

　4つ目は、伝統的な文化や知識には現在、多くの近代的な知識や多文化な要素が混淆しているという事実である。このことについては、先にも述べたアボリジナル男性ダンサーのジャックさんが「伝統的ダンスをする一方で、夜になるとパブでジャズバンドをしている」ことが当てはまる。また彼はデジャルドゥーを吹く前に「これは植民地の時代には、私たちの先祖にはなかった楽器で、北部のアーネムランドから1930年代に入ってきたものだ」と説明した。また、エチューカの先住民医療サービスにてケースワーカーをするドリーさんは、先住民の患者の多くに「先住民文化と同時に現代医療についても学んでほしい」という胸の内を明かした。同じくクメラグンジャ・アボリジナル・コミュニティの医療センター所長で編み物の講師であるアニスさんは、バスケットの編み物ワークショップの中で「昔は編み物の原材料にはイグサを使っていた」と説明する。しかし「現在はプラスチィック製の人工繊維を使う」ことも同時に言及した。2015年までメルボルン大学先住民センター所長をし、プロのオペラ歌手としてオペラを通した教育を展開するデボラさんは、

「オペラは現代の口頭伝承」であり、「だれでもわかるように、私の『盗まれた世代』の物語を、オペラを通して伝えている」と述べた。

最後に、日豪関係に言及する対応である。先にも述べたが、マリーさんは先住民アーティストであるが、福島第一原発事故の問題を「私たちの問題」として言及し、それは福島原発の原材料となるウランがオーストラリア先住民の聖地から採掘されているからであるという。そして「謝罪」をしたのちに「日本で私のアート、特に私たちの先祖が死者を埋葬する時に、頭蓋の一部を切り、それを川の上流から下流へと数メートル流したのち、その切り取った一部を再び死者の頭蓋にもどす。また、その頭蓋の型をエミューの腱と川底の泥で固めてとり、それを妻や最も親しい親族が被ることで喪に服す。この死者を葬る儀礼のレプリカを現在メルボルン博物館に展示しているので、これを通して日本の災害に直面した人びとと交流したい」との思いを打ち明けた。

第3節 「ホスト」「ゲスト」「コーディネーター」という立場の欺瞞

ここまでの議論では、団員、学生、企画主体、コーディネーター、ホストである先住民コミュニティの個人とスタディツアーにおける主要アクターとしての枠組みからそれぞれの立場について考察をした。しかし、実際にはこうした立場が時において成り立たないこともある。ここではそうしたカテゴリーに収まりきらない事例を取り上げ、均質で画一的な「ゲスト」「ホスト」「コーディネーター」というアクターの立場について批判的な検討を加える。

まず2012年度のインターユース堺のスタディツアーでは、団員の1人が、以前にオーストラリア・アデレードでの留学を経験しており、そのホストファミリーの男性が彼女に会うためにメルボルン

まで訪れたのである。

　さらに、シェパトンにあるルンバララ・アボリジナル協同組合を訪れた際、昼食時に「文化地図」のことについて話してくれたローさんとビルさんは当初の計画には参加予定がなかった。にもかかわらず交流を持てたのは、彼らが私との再会を望んでいたからである。こうした事例は、2013年度の、ジョーイさんにも当てはまる。彼は、ニュンダ・アボリジナル法人の医療センターについて、インターユース堺の団員たちに伝えてくれた。しかし当初のスケジュールでは、彼と会う予定はなかった。にもかかわらず、彼は私に会いに来てくれたのである。またそこには、2007年から6年間も会うことがなかったジョンさんも同伴していた。

　2014年度のスタディツアーでは、インターユース堺の団員と学生との交流をしたスポーツと医療に関するアカデミーであるアッシュにて『ヘビーローテーション』のダンスを披露した際に、アッシュの学生だけでなく、スタッフも含め総出で鑑賞した。その後、アンコールのダンスでは何人かの学生とスタッフも団員たちのダンスに参加した。そのダンスに参加したアッシュの学生で中心的な役割を担っていたのは、オーストラリア先住民の学生ではなく、トンガからの学生であった。

　2016年度の龍谷大学スタディツアーの学生にはスリランカからの留学生があり、その彼女の旧友がスリランカからメルボルンに夫婦で移住したばかりであり、その旧友との再会をはたした。

　2017年度と2018年度は語学学校での2週間の英語授業を加えたこともあり、そこで出会ったクラスメイトの家に招かれ食事をして週末を過ごす学生もいた。

　また、2017年度にシェパトンのアッシュでのスポーツ・アクティビティでの交流中に、アッシュの女子学生が親から受け継いだ指輪を紛失した。その指輪を探すために、アクティビティを一時中断し、

甲子園球場ほどの大きさがあるフットボールグラウンドの中を全員で隈なく調べた。そうしたアッシュの学生で率先して指輪を探していた学生の1人は、オーストラリア先住民の出自はなく、フィリピンの出自を持つ学生であった。結局、スタッフの1人がスポーツ交流をする前に教室で撮影した全体写真を確認したところ、女子学生はその時点から指輪をしておらず、グラウンドに指輪を落としていないことがわかった。

また、2017年度のスタディツアー最終日には、スケジュールには予定していなかったアボリジナル女性アーティストで2013年度と14年度にインターユース堺のスタディツアーで講師を務めてくれたマリーさんが私に会いに来てくれた。さらに、2018年度も、クメラグンジャ・アボリジナル・コミュニティで、バルマ森林にてレンジャーをするリタさんの娘で、ヴァイニー・モーガン医療センターで職員をするミンディさんが10年ぶりに会いに来てくれた。さらに2012年度のインターユース堺のスタディツアーでは、バルマ森林でレンジャーをし、リタさんの息子でもあるボイドさんが、2018年度にシェパトンのアッシュの学生と昼食をとっている時に現れ、私との再会を喜んでくれた。

これらの事例はいずれもスタディツアーを構成する諸アクターが「ホスト」「ゲスト」そして「コーディネーター」という固定化された枠組みに収まらないことを示しており、多様な人びとが、複雑かつ流動的に関与し合うスタディツアーの様相が見てとれる。私たちは時に見る側であり、見られる側にもなる。また、こうした立場の転換とは、個人の場合もあれば集団の場合もある。こうしてスタディツアーのアクターは多層的で、流動的であり、このため1つの固定化されたカテゴリーには収まりきらないのである。

第4節　小括

　この章では、まずインターユース堺と龍谷大学におけるスタディツアーの類似点と相違点について詳述した。そこでは、事前、現地、事後と形式的な類似点をあげた一方で、事前と事後の学習時間の違い、参加者の社会的属性の違い、また参加費用の違いと引率者の数の違い、さらには危機管理の体制の違いについて詳述した。

　次いで、企画主催者であるインターユース堺と龍谷大学、団員と学生、コーディネーターである私、さらには現地社会における個人のスタディツアーに対する立場を詳述した。その際に、ホストとゲストそしてコーディネーターを固定化や均質化せず、それぞれのアクターがもつ複雑で流動的な存在であることを示した。

　こうした様々に錯綜するスタディツアーを構成するアクターの立場は、どのようにしてまとめることができるのであろうか。次章では、こうした諸アクターをつなぐために、2000年から国立民族学博物館が実施する多方向的かつ互酬的な「フォーラム型情報ミュージアム構想」に注目し、こうした構想を援用して今後の自治体と大学が主催するスタディツアーの意義とこれからを展望する。その際に再度強調するが、「ホスト」と「ゲスト」そして「コーディネーター」を固定化や均質化せず、それぞれのアクターがもつ多層的で流動的な存在であることを前提とする。

注

1　南オーストラリア州の州都アデレードから北へ500kmに位置するオリンピック・ダム（ロクスビー）鉱山（1988年生産開始）で生産されたウランを東京電力が購入し、その一部が福島第一原発で使用されていた。

第5章

フォーラム型
スタディツアーを目指して

第1節 「フォーラム型スタディツアー」

　D. キャメロンは、ミュージアムを「テンプル」と「フォーラム」という2つの役割に分類した。そこでのテンプルとは、すでに価値の定まった「至宝」を人びとが拝みに来る神殿のような場所である。一方、フォーラムとしてのミュージアムとは、人びとがそこに集まり、未知なるものに出会い、そこから議論が始まっていく場所と言う意味である（Cameron, 1971）。これを受けて吉田は、今日の博物館、たとえば国立民族学博物館（みんぱく）は地球規模で、双方向の接触と創造の場、フォーラムとしてのミュージアムの構想を打ち立て、そうした方向にミュージアムの役割が向いていることを指摘する（吉田, 2008）。

　現在、こうした構想に立って国立民族学博物館では、国際共同と世界中のユーザーの閲覧と書き込みを可能とさせる、多方向的かつ互酬的なオンライン上の情報生成型データバンクの公開・運用を目

指す「フォーラム型情報ミュージアム構想」を打ち立て、それにもとづく実践がなされている[1]。本章ではこうした構想を、今回のスタディツアーに当てはめてみると、いかなる課題が浮かび上がってくるのかについて、「ホスト」「ゲスト」「主催者」や「コーディネーター」の役割に注目して考える。

（1）ホストの役割

まずは、第4章でも詳述したように、「ホスト」側の対応には5つの側面があった。その1つは、ゲストを受け入れることを歓迎し、他人がアボリジナル文化や歴史を学ぶことでアボリジナルの若者たちが自尊心を高める助けになるとする考えである。2つ目は、無知が差別や偏見を助長するという考えである。3つ目は、アボリジナル当事者が他人に聞かれても答えられないことがあるという返答と、さらに他人に聞かれることがアボリジナル個人にとっても自らの文化や歴史を学ぶ契機になるとする考えである。4つ目は、伝統的な文化や知識には現在、多くの近代的な知識や多文化な要素が混淆しているという事実である。最後に、日豪関係に言及する対応である。

このように、5つの対応について詳述したのであるが、スタディツアー終了後に、このスタディツアーに関わった先住民コミュニティの個人に対して、2018年10月から11月にかけて7項目の質問を4段階評価と自由記述にもとづいて実施した。その質問は、渡辺がスタディツアー成立の契機とした4つの特徴すなわち①参画性、②状況性、③関係性、④連結性にもとづいて作成した。質問①が参画性、質問②と③が状況性、質問④と⑤が関係性、質問⑥と⑦が連結性に対応している。

その結果、パークス・ヴィクトリア職員のリタさんと、アッシュで講師をするアリさん、更にヴィクトリア州キャンパスピー自治体でクーリィ支援員（先住民教育講師）を務めベリンバ・チャイルド・ケア・

第5章　フォーラム型スタディツアーを目指して

表5.1　先住民コミュニティの個人へのアンケート結果

基準（ポイント）/質問 criteria (points) / Question		全くそう思う Extremely well (4)	そう思う Fairly well (3)	特に思わない Not particularly (2)	全く思わない Not at all (1)	平均
参画性 Perticipation	1 自信をもって日本からきた学生からの質問に応答できた。 1 Do you think you could answer and discuss about questions from the Japanese students confidently?		3人			3
状況性 Condition	2 日本から来た学生に会って話している時に、自分の中で葛藤をもった。 2 When you met and talked with Japanese students, did you have any awkward and/or confusing feeling?			1人	2人	1.3
	3 日本から来た学生との交流を通して、新たな発見や自分の中の変化があった。 3 Were there any new findings or changes in your mind through the interaction with the Japanese Students?		1人	1人	1人	2
関係性 relation	4 スタディツアーに参加して、同僚もしくは学生との絆を深めることができた。 4 During your participation to this study tour, do you think you could develop good relationship with your colleagues and/or students who were also participating this tour?		2人	1人		2.7
	5 日本からの学生との交流を通して、このスタディツアーにおける自分がすべき貢献について気づくことができた。 5 Do you think you could realize clearly what contributions you could make to this study through the interaction with the Japanese students?		2人			3 （1人 無回答）
連結性 interaction or connection	6 日本からの学生との交流を通して、日常生活や自身の暮らすコミュニティにおいて実践できることを発見した。 6 Do you think you could find out through the interaction with Japanese students that there are things you can do in your daily life and/ or in your community?		1人	1人	1人	2
	7 このスタディツアーを通して、オーストラリアだけでなく、日本の課題にも共通しているものがあることを発見できた。 7 Do you think you found that there are common issues between Australia and Japan through this study tour?		2人	1人		2.7

合計の平均 2.4

表 5.2 先住民コミュニティの個人へのアンケートに対する自由記述

名前	年齢	性	Q1	Q2	Q3	Q4	Q5	Q6	Q7
アリ	44	男性	Fairly well 日本人の学生に対して、どこから来たのかや、オーストラリアを楽しんでいるかなど質問した。The Japanese students who visited ASHE I asked them where are they from did they enjoy there time in Australia.	Not at all	Not at all 日本から来た学生の文化についていくらか学ぶことができた。Have learned some of their culture.	Fairly well 長年に渡り、日本から来た学生と私たちの文化を共有してきた。We have been sharing our Cultures here at school with our Japanese guests for many years.	Fairly well 伝統的な先住民スポーツを通して、日本から来た学生と相互関係を持てるよう努めた。Getting the Japanese students to Interact with our Students here in Australia participating in Traditional Indigenous games.	Fairly well 友人に日本の文化について話し、そうした知識を共有する。Talking to other parole about Japanese culture and sharing of knowledge.	健康や福祉の問題。Health and well-being
ロッキー	63	男性	Fairly well 私自身の文化や故郷、現在住んでいるところについて、自信をもってつたえることができた。I feel confident when talking about my culture and the land I grew up on and lived.	Not particularly 多くを早口で話したり、通訳者がすべてを翻訳するだけの時間が与えられなかったと思う。Probably talking too fast and not giving the enterpreter enough time to explain what was said.	Not particularly 海外からの訪問する人々に対して常に、最大級の敬意を表して来た。I always treat overseas people with the utmost respect.	Fairly well もしも学生が更なる交流を図りたいのであれば、言語の壁を越えてまで学ぶ心掛けがついて、日本から来た学生が学んでくれたことを望む。Hopefully your study group students learn about our way of life before and after European contact and the impact it has had on our traditional way of life. Happy. If any student wished to keep in contact, I would be willing to barring the language barrier.	Fairly well ヨーロッパ人の植民地化の依存を以後、そして植民地化が私たちの伝統的な生活に与えた影響について日本から来た学生が学んでくれたことを望む。Hopefully your study group students learn about our way of life before and after European contact and the impact it has had on our traditional way of life. Happy.	Not particularly ???	日本の中の少数派の承認を求める。調いべについて。Fighting for recognition in your own country.
リタ		女性	Fairly well 私が担当したスタディツアーにおいて、日本から来た学生とのコミュニケーションをとれた。My whole session I could communicate with students.	Not at all	Fairly well 日本から来た学生が自然の薬を使っているかについて学んだ。what natural medicines they also use.	Not particularly 特になし。学生たちとの交流の機会が少なかったので。no as I wasnt with students long enough!	???	Not at all	Not particularly

センターで先住民文化を教えるロッキーさんからの回答を得た。

3人の全体の質問に対する平均ポイントは小数点第2位を四捨五入すると2.4ポイントであった。各質問に対する4ポイント中の平均点は、質問①が3ポイント、質問②が1.3ポイント、質問③が2ポイント、質問④が2.7ポイント、質問⑤が3ポイント、質問⑥が2ポイント、質問⑦が2.7ポイントであった（表5.1参照）。

まず参画性の質問①と関係性の質問⑤（1人は無回答）に対しては、2人がそれぞれ3ポイントと高い評価をしている。次に関係性の質問④と連結性の質問⑦に対する3人の評価は、2.7ポイントであった。最も低かったのが、状況性の問②の1.3ポイントであった。

以上の結果から、3人ともに日本から来た学生と自信をもって交流できたこと（質問①）、さらにスタディツアーの中で自分が果たす役割を十分に理解していたこと（質問⑤）が見て取れる。これは表5.2の自由記述を見ても明らかである。そのため、学生との間で大きな葛藤が生じなかった（質問②）のである。

ただし、スタディツアーを通して新しい発見や自分の変化（質問③）、さらには日常生活や生活拠点となる先住民コミュニティに対してスタディツアーの経験が生かされていないこと（質問⑥）がわかった。表5.2の3人の自由記述からは、質問③に対してはすべて日本のことに関する発見のみで、自身の変化については記述がない。さらに、質問⑥に対しては「友人に日本の文化について話をしたり、そうした知識を共有」しようとするアリの記述のみであった。

こうした、3人のアンケートに対する回答から、ゲストを受け入れ、交流する時の個人の考えや対応を垣間見ることができた。そうした考えや対応にもとづけば、先住民コミュニティの人びとが如何に自分たちの日常を他者に提示しているのか、すなわち「地元に残された裁量」についてさらなる探求が必要となる。次に、こうした「地元に残された裁量」について考えていく。

この考え方は、現地社会の住民が観光の領域の外に日常生活を確保するための方法として、人類学者の中で議論されてきた。その手法の1つは、たとえば日常の生活で普通に行われていることの一部を観光の場で提示することがあげられる（安村，2011）。

　本書で扱ったスタディツアーにもとづけば、「地元に残された裁量」のケースとして、スポーツと医療に関するアカデミーであるアッシュの学生が受ける通常の授業にインターユース堺の団員や龍谷大学の学生が参加することが当てはまる。この交流はインターユース堺のスタディツアーでは、初年度をのぞき実施された。その内容は、午前中に室内での授業と昼食をとって、午後からは隣接するフットボールグラウンドでのスポーツ・アクティビティをアッシュの学生にまじって実施する交流であった。

　龍谷大学のスタディツアーでは、初年度が、午前中に室内での授業、昼食を共にして、雨天であったためキャンパスを離れて専用貸し切りバスで体育館まで移動し、そこでスポーツ・アクティビティをした。2年目は、午前中に室内での授業と昼食、午後は隣接するフットボールグラウンドでスポーツ・アクティビティをした。最終年度はアッシュの学生がメルボルン市内で行われるオーストラリアン・フットボール（フッティー）の試合観戦のため、スポーツ・アクティビティがキャンセルとなった。代わりに、ゴールバーン川沿いを歩きながら当該地域の植民地期の歴史について講師であるアリさんから学ぶアクティビティとなった。

　さらに、2016年度の龍谷大学のスタディツアーでは、オペラ歌手で2015年までメルボルン大学の先住民芸術をあつかうウィリン・センター所長であったデボラさんが、自宅に招き入れてくれて、1階に完備された映画鑑賞室で、彼女が手掛けたオペラ演劇「ピーカン・サマー」の全編を鑑賞した。

　こうした「地元に残された裁量」の例として、対応をしないとい

う選択肢もある。先住民コミュニティの個人は、アボリジナルだからといって先住民の文化や歴史を理解している必要もない。たとえば、ベリンバ・チャイルド・ケアセンターの所長や、アッシュのスポーツ・インストラクターは、団員や学生からの質問に答えない選択をしていた。すなわち、他者の質問に対してすべてに応答する必要がなく、むしろわからないという返答も承認されるべきなのである。

加えて、現地社会が観光の場では「観光用の文化」を提示して、日常生活の時空間とは切り離す方法がある。それは、「文化」が変化し、相互関係によってなりたつ相対的なものとしてではなく、昔から継続する不変で本質的なもの、すなわち「創造された伝統」として「ゲスト」が望む思惑の通りに「ホスト」が演じる「文化」などが当てはまる。この演じる文化は、序章でも述べたように人類学のテーマとして、「ホスト」が「ゲスト」の思惑を十分に理解したうえで流用する、すなわち「文化の客体化論」として議論されてきた（太田，1993）[2]。

こうした「観光用の文化」を提示する方法は、本書で扱ったスタディツアーの多くの講師から伺うことができた。ダンス・ワークショップでアボリジナル・ダンスを披露してくれたジャックさんやリリーさんを例に見てみると、彼／彼女の所属するヨルタ・ヨルタ集団が、1930年代まで使うことがなかった楽器デジャルドゥーを、その説明を事前にしたうえで奏でた。彼はデジャルドゥーが北部アーネムランドの先住民集団の楽器で、1930年代以降、観光用としてオーストラリア全土の先住民に徐々に広がったという。その後にドイツ人が発明したとされるプラスチック製の伸縮可能なデジャルドゥーの説明と演奏をした。このことは同じく楽器デジャルドゥーを奏でたクーリィ遺産センターのトレンさんやベリンバ保育園のロッキーさんにも当てはまる。

このように、フォーラム型スタディツアーを構想するためには、

写真 5.1 デジャルドゥーの説明をする
　ジャック

写真 5.2 ドイツ人が発明したプラスチック製
　の伸縮可能なデジャルドゥーを吹くジャック

如何に現地社会である先住民コミュニティや個人がスタディツアーの主導権を保持できるかが重要になる（Smith, 1989; 川森, 2006）。次にゲストの役割について詳述する。

（2）ゲストの役割

　次にゲストとなる団員と大学生たちは、真摯に地元文化を提示する地域の人びとと交流することが求められる。そうした人びととのやり取りの中でゲストである団員や学生たちは、それぞれの固有の「物語」を経験する。そして自文化と異文化との境界領域で獲得したものを、その後の人生にいかそうと試みることが可能となる（橋本, 2011）。それにより自身へのリフレクション（省察）を導くのである。

　たとえばスタディツアー終了後も団員や学生たちは、各自の分野でスタディツアーの経験をいかそうとしている。インターユース堺の元団員たちは、スタディツアー終了後、堺市の職員、教員、会社員、専業主婦、大学生など様々な分野で活躍している。また、龍谷大学の学生たちも、1年間オーストラリアの大学に交換留学や私費留学をしている。

　そうした彼／彼女らに対して、2018年9月から11月にかけて10

項目の質問を4段階評価と自由記述にもとづいて実施した。その結果、インターユース堺の元団員からは8人、龍谷大学の学生からは7人の回答をえた。インターユース堺8人の内訳はすべて女性で、年齢は22歳の学生1人、23歳の会社員1人、24歳の会社員と専業主婦が各1人、25歳の会社員2人、26歳の会社員1人、27歳の教師1人であった。

　龍谷大学の学生の内訳は、男性が1人で女性が6人であった。年齢は20歳が2人、21歳が3人、22歳が2人であった。

　ちなみに10項目の質問は藤原や中山らが学生たちの学びの変容を確認するために援用した、J.メジローの「変容的学習理論」に提示された「10の局面」や、前に述べた渡辺が示唆した4つの契機（①参画性、②状況性、③関係性、④連結性）にもとづいて作成した（中山・東，2017；藤原，2017；メジロー，2012）。このため質問①が参画性、質問②と③が状況性、質問④、⑤、⑥が関係性、質問⑦、⑧、⑨、そして⑩が連結性にそれぞれ対応している。

　質問内容と回答に対する結果は、表5.3 と表5.4 に示したとおりである。

　　a インターユース堺の団員のスタディツアーに対する評価
　インターユース堺の元団員たちのアンケートに対する答えの平均は4ポイント中3.3ポイントであった。詳しくは、参画性に関する質問①の平均点が4ポイント中3.4ポイントであった。また状況性に関する質問②と③は、前者が4ポイント中2.5ポイントで後者が3.3ポイントであった。関係性に関する質問④、⑤、⑥は、それぞれ4ポイント中2.9ポイント、2.9ポイント、3.5ポイントであった。最後に、連結性に関しては4ポイント中それぞれ質問⑦が2.8ポイント、質問⑧が3.6ポイント、質問⑨が2人無回答で3.8ポイント、質問⑩が3.1ポイントであった。

この結果から、参画性、状況性、関係性、連結性のいずれの質問をとってみても4ポイント中3.2ポイント（80％）以上の高得点が質問①、③、⑥、⑧、⑨に見て取れる。ただし、状況性に関しては、現地での気づきがあるものの葛藤の経験が少なく（質問② 2.6ポイント）、また関係性では、現地での団員同士の協働作業や現地の人びととの取り組みをうまく図るよりも（質問④ 2.9ポイント、⑤ 2.9ポイント）、個人のテーマに関することに注目することが目立った（質問⑥ 3.5ポイント）。最後の連結性に関してはオーストラリアと日本における課題を区別することが困難であるが（質問⑦ 2.8ポイント）、オーストラリアで見つけた課題を自身の日常との関係や日本の課題として捉え、それらを帰国後にいかせていることが理解できる（質問⑧ 3.6ポイント、質問⑨ 3.8ポイント、質問⑩ 3.1ポイント）。次に、龍谷大学の学生によるアンケートへの回答について述べる。

b　龍谷大学の学生のスタディツアーに対する評価
　龍谷大学の学生のアンケートに対する答えの平均は4ポイント中2.9ポイント、参画性に関する質問①が4ポイント中3.1ポイントであった。状況性に関する質問②と③は、それぞれ4ポイント中で前者が2.4ポイント、後者が2.6ポイントであった。関係性に関する質問④、⑤、⑥では、それぞれ4ポイント中、3.9ポイント、3ポイント、3.1ポイントであった。最後に、連結性に関する質問⑦、⑧、⑨そして⑩は、4ポイント中それぞれ、2.6ポイント、2.4ポイント、2.8ポイント（1人無回答）、3ポイントであった。
　この結果、龍谷大学の学生たちの平均は、4ポイント中3.2ポイント以上の評価が関係性のみで、その他は60％以上から80％未満の得点であった。状況性に関しては、現地での気づきも葛藤の経験もいずれも少なかった（質問② 2.4ポイント、質問③ 2.6ポイント）。また関係性では、現地での団員同士の協働作業が極めて高い評価であ

り（質問④3.9ポイント）、加えて現地の人びととの取り組みと個人のテーマに注目することも高く評価されていた（質問⑤3ポイント、質問⑥3.1ポイント）。最後の連結性に関しては、オーストラリアと日本における課題を区別すること（質問⑦2.6ポイント）、オーストラリアで見つけた課題を自身の日常との関係や日本の課題として捉えること（質問⑧2.4ポイント）が困難であることがわかる。ただし、スタディツアーの経験を帰国後にいかせていると答えた学生が比較的多いことが理解できる（質問⑩3ポイント）。

c　アンケート結果の比較

インターユース堺の団員と龍谷大学国際学部の学生へのアンケート結果を比較してわかることは、4ポイント中3ポイント以上の質問が、それぞれ参画性の質問①（インターユース堺3.4ポイント、龍谷大学3.1ポイント）と関係性の質問⑥（インターユース堺3.5ポイント、龍谷大学3.1ポイント）、連結性の質問⑩（インターユース堺3.1ポイント、龍谷大学3ポイント）の3つのみであった。一方で、0.5ポイント以上の差が出たのが、状況性の質問③（0.7ポイント）、関係性の質問④（1ポイント）、連結性の質問⑧（1.2ポイント）、そして質問⑨（1ポイント）であった。

ここから読み取れることとして、まず参画性が両方のスタディツアーにおいて満足度が高かったことである。つまり両プログラムともに、事前学習におけるテーマ設定への指導が充実していたことがわかる。さらに関係性では、両プログラムとも、現地社会での人びととの交流が満足するものであり、そうした機会を通して団員と学生が設定したテーマを追求できたことがうかがえる。最後に、連結性では、両プログラムとも、終了後の団員と学生は、得た経験を帰国後の生活においていかしていることがわかる。

次に、個人の自由記述に注目して、具体的にどのような経験をし

表5.3 インターユース堺の団員へのアンケート結果

基準	質問内容	基準を超えて十分に到達した(4点)	到達した(3点)	それなりに到達した(2点)	到達しなかった(できなかった)(1点)	平均
参画性	1 自分の学習課題を持ち、その学習課題の解決のために自ら調べ、質問し、話し合うことができた。	5人	2人	1人	0人	3.4
状況性	2 オーストラリアに来て見聞きし、活動する中で、「え、どうして?」など、事前に調べたことと異なり、自分の中での葛藤を感じることができた。	2人	2人	3人	1人	2.6
	3 オーストラリアでの活動が、「ああそういうことだったのか」、こういう風に考えるのか」という新たな発見や変化に繋げることができた。	5人	2人	0人	1人	3.3
関係性	4 現地で、スタディツアー（学び合う集団）の一員としての絆を深めることができた。	3人	1人	4人	0人	2.9
	5 ケーリリ遺産センター、メルボルン大学、ヴィクトリア大学の教員、さらには学生と積極的に関わることができた。	4人	1人	1人	2人	2.9
	6 参加者との活動や現地スタッフのアドバイスを自分の学習課題の追究に役立てることができた。	6人	0人	2人	0人	3.5
連結性	7 オーストラリアで見つけた課題の中で、オーストラリア人（先住民）にしかできないこと、オーストラリア人（先住民）と一緒にできること、分けて考えることができた。	3人	2人	1人	2人	2.8
	8 オーストラリアで見つけた課題の中で、自分が日本でもできることがあることを発見できた。	6人	1人	1人	0人	3.6
	9 オーストラリアで見つけた課題の中で、オーストラリアだけではなく、日本の課題にも共通しているものがあることを発見できた。	5人	1人	0人	0人	3.8（2人無回答）
	10 帰国後も今回の経験を生かすことができている。	2人	5人	1人	0人	3.1

合計の平均3.3

第5章　フォーラム型スタディツアーを目指して

表5.4　龍谷大学国際学部国際文化学科の学生へのアンケート結果

基準		質問内容	基準を超えて十分に到達した(4点)	到達した(3点)	それなりに到達した(2点)	到達しなかった(できなかった)(1点)	平均
参画性	1	自分の学習課題を持ち、その学習課題の解決のために自ら調べ、質問し、話し合うことができた。	1人	6人	0人	0人	3.1
状況性	2	オーストラリアに来て見聞きし、活動する中で、「え、どうして？」など、事前に調べたことと異なり、自分の中での葛藤や矛盾を感じることができた。	0人	3人	4人	0人	2.4
	3	オーストラリアでの活動が、「ああそういうことだったのか、こういう風に考えるのか」という新たな発見や変化に繋げることができた。	0人	4人	3人	0人	2.6
関係性	4	現地で、スタディツアー(学び合う集団)の一員としての絆を深めることができた。	6人	1人	0人	0人	3.9
	5	クーリィ遺産センター、メルボルン大学、ヴィクトリア大学の教員、さらにはASHEをはじめ現地の教員や学生と積極的に関わることができた。	2人	3人	2人	0人	3
	6	参加者との活動や現地スタッフのアドバイスを自分の学習課題の追求に役立てることができた。	2人	4人	1人	0人	3.1
	7	オーストラリア人(先住民)と一緒にできること、分けて考えることが、オーストラリア人(先住民)にしかできないこと、分けて考えることができた。	0人	4人	3人	0人	2.6
	8	オーストラリアで見つけた課題で見つけた課題は、自分が日本でもできることがあることを発見できた。	0人	4人	2人	1人	2.4
	9	オーストラリアで見つけた課題の中で、オーストラリアだけでなく、日本の課題にも共通しているものがあることを発見できた。	1人	3人	2人	0人	2.8 (1人無回答)
	10	帰国後も今回の経験を生かすことができている。	1人	5人	1人	0人	3

合計の平均 2.9

たのかについて分析する。

　d　個人の自由記述にみるスタディツアーに対する評価
　ここでは、2013年度のスタディツアーに参加した団員で、現在堺市内の小学校で教員として勤務する女性の自由記述を見てみる。
　彼女はアンケートに対して平均3.9ポイントと非常に高い評価をつけている（表5.5参照）。なかでも彼女がスタディツアーを通して学んだことは、まず、現地に赴きそこで住む人びととの交流から学べることの大切さがある。そのことは、状況性の質問②と③で「やはり現地に行くまではピンときていないこともあり、それは行ってこそ解るものなのだと気付きました」や、「憶測をしていても、やはり体験してきた生身の方から話を聞くことで、自分の中にストンと答えが入ってきたような気がします」などからも読み取れる。
　また、関係性に関しても団員同士の信頼性を深めたことや、「ソーラン節」を披露したことで現地の人たちとの交流が一段と深まり、相互関係が醸成したこと、これにより、現地の人びとから歴史的な背景について学ぶことで「より課題の核心に近づけた」ことが見て取れる。
　最後に、連結性に関しては、「知ったつもり」であることが、「誤ったフィルターをかけてしまい」、その結果「偏見」や「差別」を助長することを学んだことがわかる。そうした学びを通して、現在は教員として「正しく伝える事にとても注意を払うようになり」「純粋な子どもたちに、純粋な目と耳と、心をもって、いろんな物事を知って行く大切さを伝えていきたい」と、スタディツアーの経験を現在の職場でいかそうとしている。
　このように、現場での学びを通して、それまでの偏った見方に気づき、そうした省察から、他者との交流をとおして得たことを、現在の教員としての立場でいかし、学生に対して、物事を知る大切さ

を伝えようとしていることがうかがえる。次に、龍谷大学の学生の自由記述について詳述する。

ここでは、2017年度のスタディツアーに参加した学生で、2018年2月から11月まで約10カ月間オーストラリア・メルボルンにあるディーキン大学に交換留学をした女性の自由記述を見てみる。

彼女はアンケートに対して平均2.4ポイントと龍谷大学の学生に対して実施した全体の平均よりも低い評価をつけている（表5.6参照）。彼女がスタディツアーを通して学んだことは、まず、状況性に関しては、語学学校での授業を受けて英語でのコミュニケーションの難しさに気づいたことである。次いで、こうしたコミュニケーションでの問題に直面して、オーストラリアの多文化・多民族の現状を理解し、そこにある様々な「価値観の違い」を学んでいる。

また、関係性に関しては、日常生活で「語学学習や自炊」を通して学生同士の信頼性を深め、「情報共有」ができたことを最も高く評価している。また、現地の人びととの関係においては博物館でのインタビューやアッシュでのスポーツ交流をあげ、どうにか関係性をもてたこと、さらにそうした関係をもつためのスキルを、担当教員から学んだことがあげられている。これにより、現地の人びとからの学びよりも、学生同士の関係と担当教員との関係を深く構築したことが見て取れる。

最後に、連結性に関しては、先住民の文化の継承方法について先住民とオーストラリア人が互いに発信すると同時に、「互いの文化を尊重し侵食し合わない」ことを学んでいる。そうした中から、オーストラリアの観光に興味を持ち、スタディツアー終了後は、交換留学生として「日本とまったく違う文化に触れ、日本の観光における今後の多様性を考えたい」としている。

このように、現場での学びを通して、学生と担当教員との関係を構築し、そこから現地の人びとと向き合うなかで得たことを、深く

表 5.5　インターユース堺の団員へのアンケートに対する自由記述

27歳女性	小学校教員		
参画性	質問①	基準を超えて十分に到達した（4ポイント）	文化とアイデンティティについて。
状況性	質問②	到達した（3ポイント）	事前学習をかなり念入りにしていただいたおかげで、外観的な文化の違いから、考え方、食生活など、かなり知識を得た状態で取り組めたことは、とても力強かったです。それでも、やはり現地に行くまではピンときていないこともあり、それは行ってこそ解るものなのだと気付きました。
	質問③	基準を超えて十分に到達した（4ポイント）	アボリジニであることの誇りや、今までの経験の中での辛かったこと、誇らしかったことを、直接アボリジニの方々に聞けたことです。憶測をしていても、やはり体験してきた生身の方から話を聞くことで、自分の中にストンと答えが入ってきたような気がします。
関係性	質問④	基準を超えて十分に到達した（4ポイント）	食事中や、寝る前なども意見を交わし、考えを深めるほどに、それぞれを信頼しあって話し合っていました。
	質問⑤	基準を超えて十分に到達した（4ポイント）	日本からも文化をつなごうと、ソーラン節をみんなで練習して披露するなど、一方的に質問しに行くというよりも、こちらの文化も一緒に合流しようと工夫しました。喜んでもらえた姿を見ると、本当にうれしく、その後の交流もより楽しかったです。
	質問⑥	基準を超えて十分に到達した（4ポイント）	言語的なサポートはもちろんですが、パッと聞いただけではわからないことも、こういう歴史的背景があるからだよ、と手厚く教えていただきながらできたので、より課題の核心に近づけました。
連結性	質問⑦	基準を超えて十分に到達した（4ポイント）	歴史や文化の本当の意味や味わい深さを知り、伝えて行くこと。歴史と文化、自分がアボリジニであることの誇り高さを常に持ち続けること。文化や歴史を他者に伝えること。私たちが見聞きしてきたことを、間違わず、敬意を持って他者に伝えて行くこと。
	質問⑧	基準を超えて十分に到達した（4ポイント）	歴史でも、文化でも、対人でも、知ったつもりでいることも、真実を知らなければ、間違った考えのフィルターをかけてしまっているかもしれない、ということ。偏見や差別はきっとそこから生まれるので、まずは何があったのか、何がこうさせているのか、を間違いなく知るという事は、日本にも共通した課題かと思います（被差別地区や、障がい者の権利など）。

第5章 フォーラム型スタディツアーを目指して

	質問⑨	基準を超えて十分に到達した（4ポイント）	
	質問⑩	基準を超えて十分に到達した（4ポイント）	教員をしているので、正しく伝える事にとても注意を払うようになりました。純粋な子どもたちに、純粋な目と耳と心をもって、いろんな物事を知って行く大切さを伝えていきたいです。

平均3.9ポイント

表5.6　龍谷大学の学生へのアンケートに対する自由記述

21歳女性	オーストラリア留学生		
参画性	質問①	到達した（3ポイント）	インタビューをして現地の方と交流
状況性	質問②	それなりに到達した(2ポイント)	英語でコミュニケーションをとる難しさ、日本人との考え方の違い
	質問③	それなりに到達した(2ポイント)	多国籍文化であるので、様々なバックグラウンドを持つ人がおり、それぞれの価値観が違うということ
関係性	質問④	基準を超えて十分に到達した(4ポイント)	語学学習や自炊などにおいて互いに助け合い、情報共有が頻繁に行われたこと
	質問⑤	到達した（3ポイント）	博物館などでは積極的にインタビューし、現地の学生とはスポーツを通じて打ち解けた
	質問⑥	到達した（3ポイント）	引率の先生に最後まで課題決定を手伝っていただいたこと、インタビュー場所のアポイントメントの仕方のアドバイスをいただいたこと
連結性	質問⑦	それなりに到達した(2ポイント)	先住民の方しか知らない伝統を受け継ぐこと、それを現代のオーストラリアの方が率先して発信していくこと、互いの文化を尊重して侵食し合わないこと
	質問⑧	到達しなかった（できなかった）(1ポイント)	発見できなかった
	質問⑨	それなりに到達した(2ポイント)	観光地の環境維持、文化の継承
	質問⑩	それなりに到達した(2ポイント)	日本とまったく違う文化に触れ、日本の観光における今後の多様性を考えたいと思った

平均2.4ポイント

掘り下げ、交換留学生として日本とは異なる視点から、特に観光に注目して考えようとしていることがうかがえる。

こうした2人の自由記述をまとめると、インターユース堺の団員からは全体の平均値に現れたように質問①、質問⑥、質問⑩でポイントが高かった。これに対して、龍谷大学の学生は、質問④が4ポイントでもっとも高く、次いで質問①、⑤、⑥で3ポイントであった。その他の質問に対しては2ポイントで、質問⑧は1ポイントであった。

2人の自由記述の結果から大きな差が目立ったのは質問⑧と質問⑩である。大学時代を経て社会人になったインターユース堺の元団員には、スタディツアーの経験が、現在の教員としての仕事に大きな影響を与えていることが顕著に表れているのに対して、学生としてオーストラリアでの交換留学を経験した龍谷大学の学生には、スタディツアーの効果が、さほど表れていないことがわかる。このことは置かれている社会的な状況がことなることから生じているといえよう。今後は、こうした差について、龍谷大学の学生が社会人になってからのさらなる追跡調査が必要になる。

いずれにしても、スタディツアーに参加する団員や学生たちは、人びととのやり取りの中で、それぞれの固有の「物語」を経験する。そして自文化と異文化との境界領域で獲得したものを、その後の人生にいかそうと試みることになる。そうした経験を通して、自身へのリフレクション（省察）を導くのである。

（3）企画主体とコーディネーターの役割

最後に、企画主体となるインターユース堺と龍谷大学さらにはコーディネーターが果たす役割について述べる。それは、多方向的かつ互酬的な「フォーラム型スタディツアー」の構想を達成できるかという問題である。換言すれば、「ホスト」と「ゲスト」の関係を崩壊させるのか、それとも維持できるのかということが問われ

ているのである（林, 2012）。私とインターユース堺はこうした展望をもって、現在 SNS とりわけ Facebook や Messenger、さらには Google やブログなどを活用しながら「ホスト」と「ゲスト」との持続的な関係を築けないか模索している。

その具体例として、2017 年 10 月に私が代表を務める科学研究費基盤研究 C『オーストラリアと日本における先住民族による流域資源保全に関する環境人類学的研究』と龍谷大学国際社会文化研究所の共同研究『水源地としての森林と流域の環境管理に関する日豪比較研究』による共催で国際ワークショップを開催した。このワークショップでは、ジェームズ・クック大学から M. ナカタ教授、さらに本書でも扱ってきた先住民アーティストで博物館学芸員であるマリーさんを招聘した。残念なことにマリーさんは体調不良で来日できなくなり、代わりに親戚のボイドさんが出席し彼女の芸術活動について紹介した。

その際に私は、インターユース堺と団員たち、さらに「実践プログラムⅡ」に参加した龍谷大学生にメールを送ると同時に、LINE や Messenger で国際ワークショップの宣伝をした。その結果、インターユース堺の元役員が 1 人、2013 年度と 14 年度の団員が 1 人ずつ参加し、マリーさんの親戚との交流を図ることができた。さらに、会議開催のための補助アルバイトや当日の参加者には、2017 年度の「実践プログラムⅡ」に参加した学生 2 人がいた。

こうして、スタディツアーに関わる「ホスト」「ゲスト」「主催者」や「コーディネーター」のそれぞれの立ち位置と役割について検討したところ次のことが明らかになった。

まず、「ホスト」では、「地元に残された裁量」がどれほど担保されているか、すなわち「観光用の文化」を演じることと日常の一部を提示することを「ホスト」側が、自分たちの決定にもとづき実践できているのかが重要であった。

次いで、「ゲスト」では、地元の人びととのやり取りの中で、それぞれの固有の「物語」を経験し、そして自文化と異文化との境界領域で獲得したものを、その後の人生にいかそうと試みることが重要であった。そのうえで、スタディツアー終了後は、得た経験を通して自身へのリフレクション（省察）を導くことが求められるのである。
　最後に、「主催者」や「コーディネーター」の役割は「ホスト」と「ゲスト」関係を崩壊させずに維持できるように、SNSなど様々な方法を活用しながら「ホスト」と「ゲスト」との持続的な関係を築けないか模索することが重要であった。
　以上に示した立ち位置と役割にもとづいて生み出される「フォーラム型スタディツアー」の可能性を模索し、そうした相互作用を注意深く読み取っていくことが今後は求められる。そのことは、これまで参加者の学びやプログラムのあり方に焦点が当てられがちであった海外研修・スタディツアー論の中で、「ゲスト」と「ホスト」の「交流」に焦点を当て、両者の影響や学びについて論じることが可能となるであろう。それはすなわち、これまで見過ごされがちであった、見られる側である「ホスト社会」の役割とスタディツアーを介した「ホスト」と「ゲスト」の相互関係およびその変容を促す「コーディネーター」の役割に注目することを意味している。

第2節　「ホスト」「ゲスト」「コーディネーター」を超えて

　ここまでは、「ホスト」と「ゲスト」そして「コーディネーター」など、こうした枠組みを前提として議論を進めてきた。ただし、序章4節の先行研究や、前章第3節のスタディツアーの事例でも扱ってきたように、「見る側」と「見られる側」その間を調整する「仲

介者」、さらには「ゲスト」と「ホスト」そして「コーディネーター」とは、一括りにまとめることが困難であることも示してきた。このため、ここでは、そうした一括りにできない事例を、個人や集団とのつながりに注目して考えていく。

たとえば、インターユース堺のスタディツアーでは1年目の団員の1人に会うためにわざわざアデレードからメルボルンまで来た元ホストファミリーがいた。この時のインターユース堺の団員は、そうした立場から、ホストに見られる「日本から来た友人」という立場へとその役割が変わったのである。

2016年度に龍谷大学の「実践プログラムⅡ」オーストラリア文化研修スタディツアーに参加した、スリランカからの留学生は、母国スリランカからオーストラリアへ移住したばかりの友人との再開を果たした。そのことは、旧友との再会であるだけでなく、その旧友がオーストラリアに移住し、これから定住しようとする覚悟を彼女と会うことで確認したのかもしれない。そこでのスリランカの留学生は、学生という立場ではなく、これから祖国を離れて異国に定住しようとする「友人の相談役」になったといえよう。

また、2017年度と2018年度に語学学校で英語を学んだ学生たちが、そこで出会ったクラスメイトの家に招かれ食事をして週末を過ごした事例も、「学生」という立場から「クラスメイト」や「友だち」という立場へと転換した例である。

こうした事例は、団員や学生が、単なる「ゲスト」としての立場に収まらないことを示している。そのことは私の「コーディネーター」としての立場にも当てはまる。インターユース堺のスタディツアーで、予告なしに私に会いに来たローさんとビルさん（2012年度）、ジョーさんやジョンさん（2013年度）、龍谷大学の「実践プログラムⅡ」で私に会いに来てくれたマリーさん（2017年度）や、ミンディさんとボイドさん（2018年度）、彼／彼女らは私をコーディネー

ターとしてではなく、旧友として会いに来て、お互いの家族や現在の仕事や研究さらには、手掛けている芸術作品など近況について話し合ったのである。

　こうした立場の転換は個人的な関係において起こるだけではなく、集団の関係においても起きている。アッシュでの事例がそれにあてはまる。2014年度にインターユース堺スタディツアーで団員たちが『ヘビーローテーション』のダンスを披露した。その際に、アッシュの学生とスタッフは、ダンスが披露される前から興味を示し、12人の団員だけのダンスが終わると、彼／彼女ら学生とスタッフは、自主的にダンスに参加したのである。

写真5.3 『ヘビーローテーション』を踊るインターユース堺の団員と引率者及びアッシュの学生とスタッフ

　また2017年度にアッシュを訪れ、昼食後に実施したスポーツ交流会で、アッシュの学生が指輪を紛失したとき、龍谷大学の学生も含め全員でフットボールグラウンド内を探した。この行為により、ゲストとしての龍谷大学の学生、ホストとしてのアッシュの学

写真5.4 指輪を探す龍谷大学とアッシュの学生及びスタッフ

生というカテゴリーが揺さぶられ、指輪を失った1人の学生を少しでも安心させたいと望む集団へと転換したのである。

　これらの事例から、「ホスト」「ゲスト」そして「コーディネーター」というカテゴリーは、そう簡単に一括できないことがわかる。私たちは時に見る側であり、見られる側にもなる。また、「仲介者」としての立場も見る側や見られる側になる。こうしてスタディツアーのアクターは多層的で、流動的であり、このため1つの固定化されたカテゴリーには収まりきらないのである。

注

1　私は2014年度から2015年度まで、国立民族学博物館の「フォーラム型情報ミュージアムプロジェクト」における民博所蔵「ジョージ・ブラウン・コレクション」の総合的データベースを構築するために、共同研究員としてオーストラリアの共同研究者との仲介をした（詳細はhttp://www.minpaku.ac.jp/research/activity/project/ifm と http://ifm.minpaku.ac.jp/georgebrown/ を参照）。

2　太田によるこの論考は、近年になって民族の文化と観光の文脈をすり替えているとして、橋本（1999）らによって批判されている。

終章

おわりに

　本書では、自治体と大学が展開するスタディツアーに焦点を当て、その現状と課題について私自身の「コーディネーター」としての経験にもとづいて記述した。そこでは、まず従来のスタディツアーに関する研究が「ホスト」社会へ参加する「ゲスト」の育成に研究の力点をおいてきたことを指摘した。次いで、これまで見過ごされがちであった、「ホスト」社会の役割とスタディツアーを介して「ホスト」と「ゲスト」関係における相互変容を促す「コーディネーター」の役割について分析した。これにより、現在の自治体と大学におけるスタディツアーには、「ゲスト」側が主役となる従来の視点を「ゲスト」と「ホスト」双方が変容できる視点へと転換し、その中身を変えていくことの必要性を述べた。そのために、国立民族学博物館が展開する「フォーラム型情報ミュージアム構想」にヒントをえた「フォーラム型スタディツアー」の可能性を提示した。ただし、ここでの「ゲスト」「ホスト」そして「コーディネーター」とは、一概に固定された一括りにできるアクターではない。それらは時として見る側であるが、時に見られる側にもなる。このため、スタディ

ツアーのアクターは多層的で、流動的な立場に置かれることを本書では示した。

　今後は「ホスト」社会が主導権を握りつつ、「ゲスト」と「ホスト」との相互関係の変容に重点をおいた国際交流をすすめるスタディツアーの実践が求められる。そこで交わされる「ゲスト」と「ホスト」の「物語」は、グローバル社会の中で様々な様相を呈することになるであろう。

　2013年度のインターユース堺の事前学習で無知が偏見や差別を助長することを、被差別部落の当事者から学んだ団員は、オーストラリアの現地で先住民当事者からも同じ言葉を伝えられ、そこにおける同時代性を感じたという。

　また、2018年度の龍谷大学の「実践プログラムⅡ」オーストラリア語学文化研修に参加した学生は、スポーツと健康の問題に注目して若者の社会復帰を促すアッシュの学生と一緒に、ポッサムの毛皮コートのレプリカ作成に携わった。それは、ハンダゴテを使ってポッサムの毛皮裏地にモチーフを描く共同作業であり、アッシュの先住民講師アリと数名の学生から、龍谷大学の学生に対して「あなたたちの物語を刻むんだよ」と促された。このアッシュの学生と龍谷大学の学生が共同で作成したコラージュ作品は、本年（2019年）にシェパトン市内の市立美術館で展示される予定である。

　こうした同時代の「物語」を生み出すスタディツアーの意義は、これからも求められるに違いない。

　ただし、こうした同時代の「物語」を共有することは、現代のオーストラリアでは困難になってきている。国際社会学者である塩原は、今日のオーストラリア社会がcommunity-basedという発想にもとづく政策により、移民と先住民が「空間的統治」と「社会的に分断」されているという（塩原, 2017）。そうした傾向は、2007年から2013年のラッド＝ギラード労働党政権の時期に定着した政策で、

2013年から現在まで続くアボット＝ターンブル＝モリソン保守連合政権下でも引き継がれている。それは、「地域社会・共同体に行政が何らかの働きかけを」し、マイノリティ住民に自己責任の規範を押し付け、経済的な合理性と政策上の効率性を追求する、すなわち権力側の新自由主義的な「コミュニティを通じた空間統治」である。

　新自由主義的な「コミュニティを通じた空間統治」
　先住民に対する空間的統治の事例として、「場所を重視した収入管理制度（Place-Based Income Management）」と「格差是正の取り組み（Closing the Gap Initiative）」による先住民の土地権の管理条件を「規制緩和（deregulation）」したことがあげられる。
　「場所を重視した収入管理制度」とは2007年にハワード連邦政権時に導入された北部準州緊急対応政策の1つである（第2章第3節と注3を参照）。それまで全額を現金支給されていた生活保護費が、ベーシックスカードと呼ばれるデビッドカードにその一定額が振り込まれ、お金の使途が限定され、行政が受給者の支出管理をできるようにした政策である。この収入管理制度はその後に先住民コミュニティだけでなく全国にある「不利な立場におかれた地域（disadvantaged region）」に「人種」の区別なく適用されるようになり現在に至る。実際、適用された地域は、先住民か非英語系の移民が多く集住する地域であった。
　格差是正の取り組みによる土地権の管理条件の緩和政策とは、1976年に返還された土地（アボリジナル・ランドまたはホームランド）の排他的土地所有権の先住民集団による管理方法（第2章注3を参照）を、2008年に非先住民の企業に委託し、開発を画策する政策である。それは2009年に「地域発展タウン（Territory Growth Town）」を指定した場所に設置し、そこでアボリジナル・ランドに比べ公共サービスやインフラの整備を充実させた。これによりアボリジナル・ラ

ンドに住む先住民個人が「自己責任」と「自己決定」にもとづき、「地域発展タウン」に移住することを仕向ける政策であった。

オーストラリア先住民との対話に学ぶスタディツアー実践

こうした新自由主義的な「コミュニティを通じた空間統治」により、マイノリティ社会が分断され、その内部も分断されていく中で、マジョリティ社会との関係構築はますます困難を極めていく。この「コミュニティを通じた空間統治」に抵抗するためには、オン・カントリー（on country）での学習がこれまで以上に必要となる。それは序章でも述べた通り、上から企画され、与えられるものではなく、下からの人と人との対話（dialogue）による実践であるからだ。

2004年からメルボルン大学の学生にたいしてオン・カントリー・ラーニングを実施してきたウェイン先生は、2017年のオーストラリア国営ラジオ局（ABC Radio）の特集で次のように述べている。「オン・カントリー・ラーニングとは、単なるフィールドトリップではなく、実際の土地で、そこに住む人から直接学ぶ学習法である。これによって、それまで書籍やネットなどの偏った情報を批判的に分析し、現地で自らの視点を鍛えなおす、そうしたチャレンジの機会になる」という。さらに「オーストラリア全土には何万年も前から無数の物語のつながりがある。そうした物語はそれぞれの土地に深く根ざしたもので、このため先住民について学ぶためには全体的な視点が必要となる。そのうちのいくつかと出会うことで、学生たちにはそうした土地と関係する物語を有形のものとして理解する力をつけてほしい」と述べた[1]。

このようにオン・カントリーでの人と人との対話による学びを通して経験される同時代の「物語」は、たとえ、行政側の新自由主義的な「コミュニティを通じた空間統治」が強固になろうと、奪われることはない。またそうした物語は先住民個人やコミュニティ、ま

たオーストラリア国内だけのものではなく、グローバルな物語としても同時多発的に広がる可能性がある。そうした人と人との対話とそこから紡ぎだされる無数の同時代の「物語」を通じた時空間を創造することで、新自由主義的なコミュニティの統治に対抗しうる方法の1つとしても、スタディツアーの役割が求められるのである。

注
1　https://www.abc.net.au/radionational/programs/awaye/learning-on-country/8212550、 2019年2月2日閲覧

参考文献

日本語文献

飯島秀治（2010）「Before/ After Intervention　オーストラリア先住民への『介入』政策」オーストラリア先住民研究報告書編集委員会『オーストラリア先住民研究　国家・伝統・コミュニティと切り結ぶ日常的実践』遊文社：43-54 頁。

石野隆美（2017）「「ホスト／ゲスト」論の批判的再検討」『立教観光学研究紀要』（19）：47-54 頁。

伊藤敦規（2015）「国立民族学博物館における研究公演の再定義──「ホピの踊りと音楽」の記録とフォーラムとしてのミュージアムの視点からの考察」『国立民族学博物館研究報告』39（3）：397-458 頁。

インターユース堺（2005）『羽ばたけ未来へ　ＩＹＹ堺 20 周年記念誌』

──（2013）『みんなで開こう未来へのとびら　2012 年海外派遣報告書』

──（2014）『みんなで開こう未来へのとびら　2013 年海外派遣報告書』

──（2015）『みんなで開こう未来へのとびら　2014 年海外派遣報告書』

太田好信（1993）「文化の客体化－観光をとおした文化とアイデンティティの創造」『民族學研究』57（4）：383-410 頁。

川森博司（2006）「観光と文化 X Ⅷ　文化政策と地域づくり」綾部恒雄・桑山敬己編『よくわかる文化人類学』ミネルヴァ書房：170-171 頁。

岸上伸啓（2014）「国立民族学博物館におけるフォーラム型情報ミュージアム構想について」『国立民族学博物館調査報告』137：15-23 頁。

栗田梨津子（2018）『多文化国家オーストラリアの都市先住民──アイデンティティの支配に対する交渉と抵抗』明石書店。

黒沼敦子・大川貴史（2017）「プログラムの制度化と学びを支える職員の参画」子島進・藤原孝章編『大学における海外体験学習への挑戦』ナカニシヤ出版：133-150 頁。

子島進・藤原孝章編（2017）『大学における海外体験学習への挑戦』ナカニシヤ出版。

小長谷由紀（2007）「ＮＧＯによるフィールドスタディの現場から──大衆化するフィールドワーク」『文化人類学』72／3：402-411 頁。

塩原良和（2013）「エスニック・マイノリティ向け社会政策における時間／場所の管理——オーストラリア先住民族政策の展開を事例に」『法學研究　法律・政治・社会』86（7）：125-164頁。
──（2017）『分断するコミュニティ——オーストラリアの移民・先住民政策』法政大学出版局。
ジャック・メジロー／金澤睦・三輪健二〔監訳〕（2012）『おとなの学びと変容——変容的学習とは何か』鳳書房。
ジョン・アーリ，ヨーナス・ラースン／加太宏邦〔訳〕（2014）『観光のまなざし　増補改訂版　叢書ウニベルシタス』法政大学出版局。
須永和博（2012）『エコツーリズムの民族誌——北タイ山地民カレンの生活世界』春風社。
田中孝枝（2016）「旅行業のエスニック・ビジネスとしての側面——ホストとゲストからネットワークへ」『紀要』8：133-148頁。
友永雄吾（2008）「一語に込められた重み——オーストラリア先住民への公式謝罪が語るもの」『ヒューマン・ライツ』242：34-41頁。
──（2013a）『オーストラリア先住民の土地権と環境管理』明石書店。
──（2013b）「オーストラリア先住民の個人史にみる『多文化な状況』への対応——南東部先住民ヨルタ・ヨルタの個人史を事例として」『研究紀要』第18号：405-427頁。
──（2014）「自治体が展開する国際理解教育としてのスタディツアーの意義——ホストとゲストの関係構築のための「フォーラム型スタディツアー」」『部落解放研究』201：226-244頁。
中山京子・東優也（2017）「海外体験学習における学びの変容と市民性」子島進・藤原孝章編『大学における海外体験学習への挑戦』ナカニシヤ出版：60-75頁
──（2017）「海外スタディツアーにおけるルーブリックの作成と活用」子島進・藤原孝章編（2017）『大学における海外体験学習への挑戦』ナカニシヤ出版：45-59頁
橋本和也（1999）『観光人類学の戦略——文化の売り方・売られ方』世界思想社
──（2011）「隣接する学問領域Ⅶ　人類学における観光」安村克己・堀野正人・遠藤英樹・寺岡伸悟編著『よくわかる観光社会学』ミネルヴァ書房：114-115頁。

林勲男（2012）「展示をつくる・展示をつかう——民博・オセアニア展示の試み」中牧弘允・森茂岳雄・多田孝志編著『学校と博物館でつくる国際理解教育　新しい学びをデザインする』明石書店：242-250頁。

藤田結子・北村文編（2013）『現代エスノグラフィー——新しいフィールドワークの理論と実践』新曜社。

藤原孝章（2013）「学士教育におけるグローバル・シティズンシップの育成——「海外こども事情A」（海外体験学習）の場合」『グローバル教育』Vol.15：58-75頁。

——（2014）「［特定課題研究プロジェクト］海外研修・スタディツアーと国際理解教育——特定課題研究プロジェクトについて」『国際理解教育』Vol. 20：36-41頁。

松山利夫（2011）「オーストラリア先住民コミュニティのあらたな問題——いわゆる『介入法』をめぐって」『ニュージーランド研究』17：82-87頁。

村田晶子編著（2018）『大学における多文化体験学習への挑戦——国内と海外を結ぶ体験的学びの可視化を支援する』ナカニシヤ出版。

村田晶子，マルチェッラ・マリオッティ（2018）「国際ボランティアプログラムにおける互恵性のデザイン」村田晶子編著『大学における多文化体験学習への挑戦——国内と海外を結ぶ体験的学びの可視化を支援する』ナカニシヤ出版：126-129頁。

安村克己(2011)「新しい観光のかたちⅢ——新しい観光の登場」安村克己・堀野正人・遠藤英樹・寺岡伸悟編著『よくわかる観光社会学』ミネルヴァ書房：30-31頁。

山下晋司（1996）「「楽園」の創造——バリにおける観光と伝統の再構築」山下晋司編『観光人類学』新曜社：104-112頁。

吉田憲司（2008）「特集博物館と研究——博物館の新たな挑戦」『総研大ジャーナル』14：10-13頁。

——（2013）「フォーラムとしてのミュージアム、その後」『みんぱく通信』140：2-7頁。

——（2018）「みんぱく開館40周年にあたって」『国立民族学博物館研究報告』43（1）：79-82頁。

渡辺恵（2001）「国際協力市民組織（NGO）における人材育成に関する事例研究——NGOスタディ・ツアー参加者の学習プロセスの分析」

筑波大学大学院博士課程教育学研究科『教育学研究集録』第 25 集：11-21 頁。

英語文献

Babidge, S. (2010) "Family Afairs: Relations and Relatedness." In *Aboriginal Family and the State: the Conditions of History*, edited by S. Babidge. : Ashgate Publishing Company.

Board of inquiry into the Protection of Aboriginal Children from Sexual Abuse, (2007) Ampe Akelyeremane Meke Mekarle (Little Children are Sacred),Northern Territory Government.

Cameron, D. (1971) 'The Museum, a Temple or the Forum, Curator'*The Museum Journal* Vol.14, Issue 1, pp.11-24.

Clifford. J., and Marcus, G. (1986) *Writing Culture: The poetics and Politics of Ethnography* University of California Press.

Macdonald, G. (2000) "Economies and Personhood: Demand Sharing among the Wiradjuri of New South Wales." In the Social Economy of Sharing: Resource Allocation and Modern Hunter-Gatherers, edited by G. Wenzel, G. Hovelsrud-Broda and N. Kishigami *Senri Ethnological Studies* 53: 87-112.

Peterson, N. (1993) "Demand Sharing: Reciporocity and the Pressure for Generosity among Roragers." *American Anthropologist* 95 (4): 860-874.

Peterson, N. and J. Taylor (2003) The Modernizing of the Indigenous Domestic Moral Economy: Kinship, Accumulation and Household Composition, *The Asia Pacific Journal of Anthropology* 4 (1.2), pp.105-122.

Smith, V. (1977) *Host and Guest: The Anthropology of Tourism*, University of Pennsylvania Press.

―― (1989) *Hosts and Guests: The Anthropolgy of Tourism* (second edition), University of Pennsylvania Press.

Smith, V. & Bernt M. (2001) *Host and Guest Revisited: Tourism Issues in the 21st Century* (Tourism Dynamics), Cognizant Lic.

Tomonaga, Y. and Park, S. (2017) *Rethinking Interaction Between Indigenous Knowledge and Modern Knowledge* EINS.

あとがき

　本書では私の個人的な経験にもとづいて、自治体と大学におけるスタディツアーについて記述した。「はじめに」でも述べたが、私は現地社会において、もともとは一定の訓練を受けた人類学者という「フィールドワーカー」であったが、本書ではスタディツアーを企画する「コーディネーター」という立場になった。
　「フィールドワーカー」と「コーディネーター」の間にある違いは、前者が明確な問題設定にもとづく調査を実施し、そこから得た結果を成果としてまとめることである（私の調査とその成果に関しては、拙著『オーストラリア先住民と土地権と環境管理』に譲る）。これに対して、後者はゲスト社会とホスト社会の双方に気を配ることが前提となる点であろう。
　本書を記述する中で、私はそうした相違点に気づかされると同時に類似点にも気づかされることになった。たとえば、団員や学生たちは事前の研修で決定したテーマと調査方法にもとづき、現地実習をし、事後研修を通して報告書の作成とその発表が義務づけられており、私はその対応に追われた。しかし、実際はそうした指導者としての対応だけでなく、ときに団員や学生たちの日常の悩みの相談を受けることがあった。また、インターユース堺の役員にも公私における相談にのってもらった。
　こうした対応は、オーストラリア先住民のコミュニティで私が日常にしていたこととあまり変わらない。それは職場や学校での人間関係や家庭内でのいざこざ、さらには進路の相談など様々である。私はフィールドで生活するなかで、そこで出会った人たちの人生に巻き込まれ、現地の人たちも私という「フィールドワーカー」に日常をかきまわされた。

こうしたことは、スタディツアーの「コーディネーター」としての私にも当てはまる。つまり団員や学生の日々の生活の中に巻き込まれ、彼／彼女らもまた私に日常をかきまわされたのである。
　スタディツアーを開始して7年が過ぎた。また私がオーストラリアでのフィールドワークをはじめてから13年になる。その間、私の日本社会における立場は、大学院生から大学の非常勤講師、スタディツアーの「コーディネーター」、公益財団のアルバイトそして大学の准教授と変化した。このことはオーストラリアのフィールドにおいても当てはまる。当時、大学院生であった私を「スチューデント」から「ドクター」、そして「プロフェッサー」へと、また「ブラザー」から「アンクル」へと、ときにコミカルにときに誇らしくフィールドでお世話になった人たちは呼んでくれた。
　そうした移り変わりの中で、当たり前のことであるが「出会い」と「別れ」があった。私は2001年から3年間オーストラリアのメルボルン郊外にあるラ・トローブ大学に留学し、はじめの1年間をホームステイした。受け入れてもらったホストファミリーは、ブラッドリー家で、敬虔なる英国国教会の老夫婦であった。そのホストファーザーのロイさんが2017年に他界した。メルボルンを訪れると、アポなしで彼らの家に立ち寄る私に、ロイさんはいつも「ティ？　ホワイト・ティ？　ノーシュガー？」と質問し、そのあとに紅茶を出してくれた。その紅茶を飲みながらロイさんと妻のマーガレットさんと一緒にたわいない話をすることができないのが残念である。
　また、2001年に私がクーリィ遺産センターでボランティアをしていた時からお世話になり、本書でもたびたび登場したトレンさんももういない。院生時代に週1日だけ気がむくとボランティアをしに立ち寄る私が、先住民に関する質問だけでなく、日頃の悩みについて相談すると、トレンさんは時間を惜しむことなく接してくれた。彼の支えがなければ、オーストラリア先住民の研究を継続すること

はおろか、メルボルンで生活することや、本書で扱ったスタディツアーを実施することすらできなかった。「夢の世界」へ旅立った彼は、あちらでも他人の世話で忙しいに違いない。

　一方で、ヴィクトリア大学で講師をし、現在はヴィクトリア州政府で働くベッカさん。2011年に東日本大震災を経験した私と妻と長男の3人を気遣ってくれ、「オーストラリアに来て気分転換すれば」とSNSで呼びかけていただき、1カ月も彼女の家に居候させてもらった。そうした彼女の家族と私の家族とは、現在もSNSを通しての付き合いが続いている。

　こうした「出会い」と「別れ」をこれからも繰り返しながら、私はフィールドワークとスタディツアーをつづけ、現地社会と向き合っていく。そこでの人びととの出会い、関わり、その中で楽しんだり苦しんだり、現地の人びとの日常の生活をかきまわしたりする。そうした日常を生きながらも、私が生活する日本社会での日常も振り返りつつ、そこで自己再帰的に自らを見つめ直すプロセスをこれからも楽しみたい。

　2001年からオーストラリアでの留学中、その後の調査やスタディツアーの実施の期間、本書に登場した方々をはじめ、数えきれないほど多くの方々から有形無形のご協力とご支援をいただきました。お名前を挙げると数えきれないので、ここではやむをえず控えさせていただきますが、すべての方々に心より感謝申し上げます。

　本書の出版には科学研究費国際共同加速基金（国際共同研究強化）（17KK0036）『オーストラリア先住民族の伝統知と近代知の相互作用に関する実証的研究』と科学研究費基盤研究（C）（16K03246）『オーストラリアと日本における先住民族による流域資源保全に関する環境人類学的研究』の間接経費から出版の助成を受けました。また、本書で使用した写真の多くは、インターユース堺の事務局と龍谷大学国際学部の同僚教員と学生から提供いただきました。さらに本書の草稿の

段階では、リサーチ・アシスタントの朴伸次さんから貴重な助言をいただきました。写真の選定にはゼミ生である細見真司君に助けていただきました。この場をおかりし感謝申し上げます。さらに、寄稿くださった同志社女子大学の藤原孝章先生には、こころより感謝申し上げます。明石書店の神野斉氏には編集面でお世話になったのでお礼を申し上げます。

　最後に、本書の執筆を陰ながら支えてくれた私の両親と妻の両親、そして、なによりも日常生活の大部分を支えてくれた妻の真矢と息子の恵千香と光紀に感謝の意を伝えます。ありがとう。

2019年2月

友永雄吾

【図表・写真一覧】

表 1　旅の形とテーマ・行為
表 2.1　政令指定都市スタディツアー実施状況
表 2.2　国際青年とインターユース堺のスタディツアー開催国の詳細
表 2.3　インターユース堺の海外派遣事業の詳細
表 2.4　インターユース堺海外派遣事業の行程表
表 3.1　海外体験学習の多様性
表 3.2　龍谷大学国際学部国際文化学科の必修科目及び主要科目
表 3.3　実践プログラムⅠの「世界と日本コース」フィールドワーク・スケジュール
表 3.4　龍谷大学の実践プログラム（オーストラリア語学文化研修）の詳細
表 3.5　龍谷大学実践プログラム（オーストラリア語学文化研修）の行程表
表 5.1　先住民コミュニティの個人へのアンケート結果
表 5.2　先住民コミュニティの個人へのアンケートに対する自由記述
表 5.3　インターユース堺の団員へのアンケート結果
表 5.4　龍谷大学国際学部国際文化学科の学生へのアンケート結果
表 5.5　インターユース堺の団員へのアンケートに対する自由記述
表 5.6　龍谷大学の学生へのアンケートに対する自由記述

図 1　スタディツアー実施地域の地図
序図 1　国際理解教育から見た海外研修・スタディツアー

資料 3.1　ワークシート 1
資料 3.2　ワークシート 2
資料 3.3　ワークシート 3
資料 3.4　ワークシート 4
資料 3.5　2017 年度の学生たちのグループ発表用の資料
資料 3.6　添削を受けた計画書
資料 3.7　再提出された計画書
資料 4.1　2012 年度報告書
資料 4.2　2013 年度報告書
資料 4.3　2014 年度報告書

写真 1　メルボルン大学ウィリン先住民センター
写真 2　ヴィクトリア大学ムンダニ・バルク
写真 3　メルボルン博物館バンジャラカ
写真 4　クーリィ遺産センター
写真 5　フッツクレイ・コミュニティ・アート・センター
写真 6　ベリンバ・チャイルド・ケア・センター
写真 7　ニュンダ・アボリジナル法人
写真 8　バルマ国立公園
写真 9　ダルニヤ・センター

写真 10　クメラグンジャ・アボリジナル・コミュニティ
写真 11　アッシュ
写真 12　ルンバララ・アボリジナル協同組合
写真 2.1　筆者による事前学習
写真 2.2　合宿の様子
写真 2.3　アイヌ民族の事前学習
写真 2.4　ウィリン先住民センター
写真 2.5　ウィリン先住民センターでの現地学習
写真 2.6　クーリィ遺産センター
写真 2.7　クーリィ遺産センターでの現地学習
写真 2.8　蒸気船に乗船
写真 2.9　ニュンダ・アボリジナル法人
写真 2.10　ベリンバ・チャイルド・ケア・センター
写真 2.11　ベリンバ・チャイルド・ケア・センターでの現地学習
写真 2.12　先住民レンジャーによる現地学習
写真 2.13　ルンバララ・アボリジナル協同組合
写真 2.14　アッシュ
写真 2.15　アッシュでの現地学習
写真 2.16　キングス・フィッシャーのエコクルーズ
写真 2.17　ヴァイニー・モーガン・メディカル・サービスでの現地学習
写真 2.18　ダルニヤ・センター
写真 2.19　ダルニヤ・センターでの現地学習
写真 2.20　ムンダニ・バルク
写真 2.21　フックレイ・コミュニティ・アート・センター
写真 2.22　フックレイ・コミュニティ・アート・センターでの現地学習
写真 2.23　ベリンバ・チャイルド・ケア・センターでの現地学習
写真 2.24　ベリンバ・チャイルド・ケア・センターにソーラン節を披露
写真 2.25　ニュンダ・アボリジナル法人での現地学習
写真 2.26　ダルニヤ・センターでのダンス・ワークショップ
写真 2.27　ダルニヤ・センターでの編み物ワークショップ
写真 2.28　アッシュでの現地学習
写真 2.29　アッシュでのスポーツ・アクティビティ
写真 2.30　ムーンダニ・バルクでの現地学習
写真 2.31　フックレイ・コミュニティ・アート・センターでの現地学習
写真 2.32　ウィリン先住民センターでの現地学習
写真 2.33　アッシュでの現地学習
写真 2.34　アッシュでの現地学習
写真 2.35　アッシュにて『ヘビーローテーション』を披露
写真 2.36　アッシュでのスポーツ・アクティビティ
写真 2.37　アッシュでのスポーツ・アクティビティ
写真 2.38　ダルニヤ・センターでのダンス・ワークショップ
写真 2.39　ダルニヤ・センターでの編み物ワークショップ

図表・写真一覧

写真 2.40　ベリンバ・チャイルド・ケア・センターにて『ヘビーローテーション』を披露
写真 2.41　ニュンダ・アボリジナル法人での現地学習
写真 2.42　ルンバララ・アボリジナル協同組合での現地学習
写真 2.43　ムーンダニ・バルクでの現地学習
写真 2.44　メルボルン博物館バンジャラカのモリーさんの作品
写真 2.45　メルボルン博物館バンジャラカでの現地学習
写真 2.46　パッフィンビリーの蒸気機関車
写真 2.47　コロニアル・トラムカー・レストラン
写真 2.48　マリーさんと彼女の親戚の作品
写真 3.1　2016 年度の発表会の様子
写真 3.2　クーリィ遺産センターでの現地学習
写真 3.3　デボラさん宅での現地学習
写真 3.4　ダルニヤ・センターでの現地学習
写真 3.5　ダルニヤ・センターでの編み物ワークショップ
写真 3.6　アッシュでの現地学習
写真 3.7　アッシュでのスポーツ・アクティビティ
写真 3.8　ホテルの一室でヒロシさんの講義
写真 3.9　エチューカ行きの V/Line
写真 3.10　シェパトンのクーリィ・コートでの現地学習
写真 3.11　アッシュでの現地学習
写真 3.12　アッシュでのスポーツ・アクティビティ
写真 3.13　ダルニヤ・センターでの編み物ワークショップ
写真 3.14　ベリンバ・チャイルド・ケア・センターでの現地学習
写真 3.15　ニュンダ・アボリジナル法人での現地学習
写真 3.16　ムンダニ・バルクでの現地学習
写真 3.17　ウィリン先住民センターでの現地学習
写真 3.18　ベリンバ・チャイルド・ケア・センターでの現地学習
写真 3.19　蒸気船に乗船
写真 3.20　ダルニヤ・センターでの現地学習
写真 3.21　ダルニヤ・センターでの編み物ワークショップ
写真 3.22　アッシュでの現地学習
写真 5.1　デジャルドゥーの説明をするジャック
写真 5.2　ドイツ人が発明したプラスチック製の伸縮可能なデジャルドゥーを吹くジャック
写真 5.3　『ヘビーローテーション』を踊るインターユース堺の団員と引率者及びアッシュの学生とスタッフ
写真 5.4　指輪を探す龍谷大学とアッシュの学生およびスタッフ

索 引

アルファベット

C
community-based 167

D
D. キャメロン 143

F
Facebook 161

G
Google フォーム 129

J
J. クリフォード 18
J. メジロー 151

L
Level Up English 106
LINE 161

M
Messenger 134, 161
M. ナカタ教授 161

Q
QV 67

S
SNS 129, 134, 161

U
UNESCO 27

V
V/Line 102, 105, 108, 110
V. スミス 29

W
Writing Culture 18

かな

あ
アート・アドバイザー 50
アーバン・ディンゴ（Urban Dingo） 45
アクティブラーニング 81
アッシュ 17, 44, 50, 57, 61, 99, 103, 109, 135, 140, 144, 148, 164
アボット＝ターンブル＝モリソン保守連合政権 168
アボリジナル 21
アボリジナルの人びと（Aboriginal peoples） 21
アボリジナル・ランド 168
アボリジニ 21
アボリジニーズ（Aboriginies） 21
編み物ワークショップ 56, 64, 99, 105, 109
新しい植民地主義（ネオコロニアリ

索引

ズム）7
安全管理・危機管理マニュアル 36
安全・危機管理 110, 113

い

移民博物館 68
イメージファインダー 83
インタープリター 10
インターユース堺（International Youth Sakai）11, 33, 160
インターンシップ 79

う

ヴァイニー・モーガン・メディカル・サービス 51, 99
ヴィクトリア大学 17, 58, 66, 100, 101
ウィリン先住民センター（Willin Center）17, 43, 58, 97, 107
ウエンダリーレイク 46
ウォーマ 48
ウナギ 107

え

エイジェント 31
AKB48 62, 64
エスノグラフィー 19
エチューカ 16, 43, 44, 49, 55, 61, 98

お

大阪堺 YMCA 36
オーストラリア語学文化研修 20
オーストラリア国営ラジオ局（ABC Radio）169
オーストラリア・ニュージーランド軍団（ANZAC）67, 96
オーストラリア連邦国家 47
オーストラリアン・フットボール（フッティー）148

オペラ 46
オルタナティブ・ツーリズム 7, 8, 25
オン・カントリー（on country）169
オン・カントリー・ラーニング（On Country Learning）14, 169

か

海外研修・スタディツアー 9
海外研修（フィールドスタディ）79
海外体験学習研究会（JOELN）77
格差是正の取り組み（Closing the Gap Initiative）168
関係性 144, 151
観光用の文化 149, 161
関西国際空港 110, 113

き

危機管理 120
基礎演習A・B 79, 113
キャプテン・クックの家 59
キャンパスピー自治体 144
共同管理協定 42
緊急時対応 37, 110
キングス・ストリート 61
キングスフィッシャー・エコクルーズ 51, 58, 105, 109

く

クイーン・ヴィクトリア・マーケット 59, 67
空間的統治 167
クーリィ遺産センター 15, 44, 58, 60, 97
クーリィ・コート 102
クーリィン・ネーション（Kulin Nations）97
クボタさかいユニオン 36
クメラグンジャ・アボリジナル・コ

183

ミュニティ 14, 17, 44, 51
グローバル人材（Global Talent）26
グローバルスタディーズ学科 79, 112
クロス・カルチャル・オーガナイザー 16
グンジィッジマラ（Gunditjmara）107

け

芸術・メディア 79
恵泉女子大学 77
けん玉 99

こ

ゴールドフィールド 46
ゴールバーン河流域保護局 49
語学研修 79
国際観光 7
国際観光機構 7
国際青年年（International Youth Year）34
国際文化実践プログラムⅠとⅡ 11, 20, 79, 112, 120, 132
国立民族学博物館 10, 32, 82, 142, 143
国連世界青年年 34
コピ・キャップ（Kopi Mourning Cap）60
コミュニティを通じた空間統治 168
固有の「物語」150, 162
コロニアル・ツーリズム 47, 55, 109

さ

サービスラーニング 79
堺市人権推進協議会 36
雑記メモ 81
参画性 144, 151
参与観察 81

し

ジェームズ・クック大学 161
シェパトン 14, 43, 44, 49, 65, 140
自己再帰性（self-reflexivity）19
持続可能な観光 7, 26
市民性（Global Citizenship）26
地元に残された裁量 148, 161
社会企業体験 79
社会的に分断 167
収入管理制度（Income management）72
授業管理システム manaba 82
蒸気機関車 68
状況性 144, 151
情勢変化型リスクへの対応 37, 110
情報地理システム（GIS）50
女性の社会進出に関する問題 39
人類学者 19

す

スペシャル・インタレスト・ツーリズム 7, 26
スワンストン・ストリート・ステーション 61

せ

青年育成事業 13
聖パトリック協会 59
政令指定都市 33
世界と日本 79
先住権原法 1993（連邦法）（Native Title Act 1993 (Cth)）42
先住民 10, 21
先住民コミュニティ 10, 13, 43
先住民診療センター 44
先住民リエゾン・オフィサー 50
先住民レンジャー 15, 48, 63, 104, 109, 134
戦争慰霊碑 96

セント・アルヴェンス・キャンパス　107
セント・キルダ・ビーチ　59

そ

創造された伝統　149
ソーラン節　55, 156

た

大衆観光　7
対話（dialogue）　169
多声性　19
多文化共生　79
多文化主義政策へ転換　41
ダルニヤ・センター　17, 44, 53, 98, 104, 109
ダンス・ワークショップ　56, 64, 149
ダンデノン丘陵　68

ち

地域発展タウン（Territory Growth Town）　168
地球市民教育（Global Citizenship Education）　27
チャイナタウン　58
仲介者　29
中国系移民　47
中部国際空港　111
長期留学　79

て

ディマンド・シェアリング（要求を契機に行われる財の分配）　136
デジャルドゥー　138, 149
デビッドカード　168
伝統指向型の生活　42
伝統的土地所有者（トラディショナル・オーナー）　41, 49

伝統文化　30

と

同時代の「物語」　169
同和問題　39
トーキングトラム　46
ドキュメント分析　81
土地権獲得運動　41
土地権(北部準州)法 1976（Aboriginal Land Rights（Northern Territory）Act1976（cth））　41
ドラゴン博物館　46
トラムカー・レストラン　68
トルコ・ガリポリの戦い　67, 96
トレス海峡諸島民　21
トロッコ列車　100

に

日記　81
日本国際理解教育学会　133
日本の先住民アイヌ民族問題　39
ニュンダ・アボリジナル法人　17, 44, 48, 56, 65, 98, 109, 140

ぬ

盗まれた世代（Stolen Generations）　41, 45, 58, 97, 107

の

ノーザンテリトリー国家緊急対応法（Northern Territory National Emergency Response Act）　42

は

パークス・ヴィクトリア　17, 44, 48, 104, 134, 144

パークスレンジャー 49
排他的土地所有権 168
白豪主義政策 40
場所を重視した収入管理制度（Place-Based Income Management） 168
バックパック旅行 79
パッフィンビリー 68
パドルスチーマー（蒸気船） 47, 55, 109
パフィンビリー 100
バララット 46, 96
バルマ 15, 17, 43, 44
バルマ国立公園 17, 44, 98
バルマ森林 14, 48, 63, 104
ハワード連邦政権 168
半構造化インタビュー 81
バンジャラカ 17, 44, 54, 67, 96

ひ

ピーカン・サマー（Pecan Summer） 45, 58, 61, 97, 148
ヒールズビル鳥獣保護区 68
被災型リスクへの対応 36, 110
標本資料データベース 82

ふ

フェデレーション・スクエア 61
フォーラム型情報ミュージアム構想 20, 142, 144, 166
フォーラム型スタディツアー 10, 149, 160-162, 162
フォーラム型博物館 10, 32
福島原発 139
福島第一原発事故 139
ふくわらい 99
ブッシュウォーク 53, 105
フッツクレイ・キャンパス 107
フッツクレイ・コミュニティ・アート・センター 17, 44, 55, 60

部分的真実 18
ブラウン大学 50
部落解放同盟大阪府連合会堺支部 36
不利な立場におかれた地域（disadvantaged region） 168
ブローカー 29
文化人類学 11
文化仲介者（Cultural Broker） 18, 29
文化帝国主義（Cultural Imperialism） 19
文化の客体化論 30, 149
文化の主体性 30
文化の創造 30
文化を書く 18

へ

ベーシックスカード 168
ヘビーローテーション 62, 64, 140, 164
ベリンバ・チャイルド・ケア・センター 17, 44, 48, 55, 64, 98, 105, 108
ベンディゴ 46, 96
変容的学習理論 151

ほ

報告書『みんなで開こう未来の扉』 121
法律上のリスク対応 36
ホームランド 168
北部準州のより良い未来のための法（Stronger Futures in the Northern Territory (Consequential and Transitional Provisions) Act） 42
ホスト／ゲスト論 29, 30
ポッサム 57
ポッサムの毛皮コート 108, 110

ボランティア 79

ま

マスツーリズム 7, 25
マレー・ゴールバーン地域 13
マングロック 57, 63

み

ミナミナの会 40

む

ムルーブナ 14
ムンダニ・バルク（Moondani Balluk） 17, 43, 53, 58, 66, 100, 101, 107

め

メルボルン市 16, 43
メルボルン大学 14, 169
メルボルン大学芸術学部・研究科（Victoria College of Art） 17, 43
メルボルン博物館 17, 44

も

モナッシュ大学 50

や

ヤングサンタ 69, 120

ゆ

ユーリカ砦の丘記念公園 46

よ

ヨーロッパ系移民 47

ヨルタ・ヨルタ（Yorta Yorta） 13, 14, 16, 17, 48, 50, 49, 63, 64, 74, 104, 114, 136
ヨルタ・ヨルタ・ネイション・アボリジナル協同組合 14, 49, 50

ら

ライゴン・ストリート 59
ライフ・ヒストリー 81
ラッド＝ギラード労働党政権 167

り

リフレクション（省察） 150, 162
龍谷大学 160
龍谷大学国際学部国際文化学科 11, 79, 112
龍谷大学国際文化学部 112
龍谷大学国際文化学科 79, 112

る

ルナ・パーク 59
ルンバララ・アボリジナル協同組合 17, 44, 49, 51, 65, 140
ルンバララ球戯場 61

れ

連結性 144, 151

ろ

労働党首相ケビン・ラッド 41
論点メモ 81

わ

ワーキングキャンプ 79
ワーキングホリデー 79

著者紹介

友永雄吾（ともなが　ゆうご）龍谷大学国際学部准教授

1975 年生まれ。総合研究大学院大学地域文化学専攻修了、博士（文学）。国立民族学博物館外来研究員、日本学術振興会特別研究員を経て現在、龍谷大学国際学部准教授。専門領域は社会・文化人類学、オーストラリア先住民研究。主著に『オーストラリア先住民の土地権と環境管理』（明石書店、2013 年）、共編著に『考えたくなる人権教育キーコンセプト』（世界人権問題研究センター、2018 年）、*International Workshop: Rethinking Interaction between Indigenous Traditional Knowledge and Modern Knowledge*（アインズ株式会社、2018 年）、論文に「自己決定権と先住民」（『国際文化研究』23 巻、2019 年）、「オーストラリア先住民運動：普遍性の主張と差異の承認をめぐる政治」）（『国際文化研究』21 巻、2017 年）など。

スタディツアーの理論と実践
オーストラリア先住民との対話から学ぶフォーラム型ツアー

2019 年 2 月 28 日　初版第 1 刷発行

著　者　　友　永　雄　吾
発行者　　大　江　道　雅
発行所　　株式会社　明石書店
　　　　　〒101-0021　東京都千代田区外神田 6-9-5
　　　　　電　話　03（5818）1171
　　　　　ＦＡＸ　03（5818）1174
　　　　　振　替　00100-7-24505
　　　　　http://www.akashi.co.jp

装　　丁　明石書店デザイン室
印刷・製本　日経印刷株式会社

（定価はカバーに表示してあります）　　　　ISBN978-4-7503-4803-2

JCOPY　〈（社）出版者著作権管理機構　委託出版物〉
本書の無断複写は著作権法上での例外を除き禁じられています。複写される
場合は、そのつど事前に、（社）出版者著作権管理機構（電話 03-3513-6969、
FAX 03-3513-6979、e-mail:info@jcopy.or.jp）の許諾を得てください。

異文化間教育
佐藤郡衛 著 文化間移動と子どもの教育 ◎2500円

多文化共生のためのテキストブック
松尾知明 著 ◎2400円

多文化共生キーワード事典【改訂版】
多文化共生キーワード事典編集委員会 編 ◎2000円

多文化共生のための異文化コミュニケーション
原沢伊都夫 著 ◎2500円

対話で育む多文化共生入門
倉八順子 著 ちがいを楽しみ、ともに生きる社会をめざして ◎2200円

多文化社会の偏見・差別
加賀美常美代、横田雅弘、坪井健、工藤和宏 編著 異文化間教育学会企画 形成のメカニズムと低減のための教育 ◎2000円

多文化教育がわかる事典
松尾知明 著 ありのままに生きられる社会をめざして ◎2800円

多文化共生政策へのアプローチ
近藤敦 編著 ◎2400円

異文化間介護と多文化共生
川村千鶴子、宣元錫 編著 誰が介護を担うのか ◎2800円

3・11後の多文化家族
川村千鶴子 編著 未来を拓く人びと ◎2500円

多文化社会の教育課題
川村千鶴子 編著 学びの多様性と学習権の保障 ◎2800円

人権と多文化共生の高校
坪谷美欧子、小林宏美 編著 外国につながる生徒たちと鶴見総合高校の実践 ◎2200円

アメリカ多文化教育の再構築
松尾知明 著 文化多元主義から多文化主義へ ◎2300円

多文化社会ケベックの挑戦
ジェラール・ブシャール、チャールズ・テイラー 編 竹中豊、飯笹佐代子、矢頭典枝 訳 文化的差異に関する調和の実践ブシャール=テイラー報告 ◎2200円

思春期ニューカマーの学校適応と多文化共生教育
潘英峰 著 実用化教育支援モデルの構築に向けて ◎5200円

ヨーロッパにおける移民第二世代の学校適応
山本須美子 編著 スーパー・ダイバーシティへの教育人類学的アプローチ ◎3600円

〈価格は本体価格です〉

移民政策のフロンティア 日本の歩みと課題を問い直す
移民政策学会設立10周年記念論集刊行委員会編 ◎2500円

移民政策研究 移民政策の研究・提言に取り組む研究誌 [年1回刊]
移民政策学会編

新 移民時代 外国人労働者と共に生きる社会へ
西日本新聞社編 ◎1600円

世界の移民政策 OECD国際移民アウトルック(2016年版)
経済協力開発機構(OECD)編著 徳永優子訳 ◎6800円

移民の子どもと学校 統合を支える教育政策
OECD編著 布川あゆみ、木下江美、斎藤里美監訳 三浦綾希子、大西公恵、藤浪海訳 ◎3000円

在日コリアンの人権白書
在日本大韓民国民団中央本部人権擁護委員会企画 「在日コリアンの人権白書」制作委員会編 ◎1500円

外国人の子ども白書 権利・貧困・教育・文化・国籍と共生の視点から
荒牧重人、榎井縁、江原裕美、小島祥美、志水宏吉、南野奈津子、宮島喬、山野良一編 ◎2500円

多文化教育の国際比較 世界10カ国の教育政策と移民政策
松尾知明著 ◎2300円

異文化間を移動する子どもたち 帰国生の特性とキャリア意識
岡村郁子著 ◎5200円

国際結婚と多文化共生 多文化家族の支援にむけて
佐竹眞明、金愛慶編著 ◎3200円

現代アメリカ移民第二世代の研究 移民排斥と同化主義に代わる「第三の道」
アレハンドロ・ポルテスほか著 村井忠政訳者代表 ◎8000円

日本人女性の国際結婚と海外移住 多文化社会オーストラリアの変容する日系コミュニティ
世界人権問題叢書86 濱野健著 ◎4600円

移民と「エスニック文化権」の社会学 在日コリアン集住地と韓国チャイナタウンの比較分析
川本綾著 ◎3500円

まんが クラスメイトは外国人 20の物語 多文化共生
「外国につながる子どもたちの物語」編集委員会編 みなみななみまんが ◎1200円

まんが クラスメイトは外国人 入門編 はじめて学ぶ多文化共生
「外国につながる子どもたちの物語」編集委員会編 みなみななみまんが ◎1200円

日韓中でつくる国際理解教育
日本国際理解教育学会 ユネスコアジア文化センター(ACCU)共同企画 大津和子編 ◎2500円

〈価格は本体価格です〉

世界人権問題叢書84

オーストラリア先住民の土地権と環境管理

友永雄吾 著

■四六判／上製／264頁　◎3800円

オーストラリアの先住民集団のひとつ「ヨルタ・ヨルタ」を中心に、彼らが居住・生活する土地権の回復、先住民権原の獲得、その地域の資源・環境管理をめぐる先住民運動の歴史、実情を、現地に居住経験のある著者が調査。先住民以外の地域住民や環境NGOを取り込んだ新しい形の先住民運動の活動を詳細に報告する。

◆内容構成◆
- 序　章
- 第1章　マレー・ゴールバーン地域の小史
- 第2章　ヨルタ・ヨルタの闘争史
- 第3章　運動の実践とヨルタ・ヨルタの知識
- 第4章　資源管理のための先住民運動
- 終　章　普遍性の主張と差異の承認をめぐる先住民運動

教師と人権教育 公正、多様性、グローバルな連帯のために
オードリー・オスラー、ヒュー・スターキー著／藤原孝章、北山夕華監訳
◎2800円

国際理解教育ハンドブック グローバル・シティズンシップを育む
日本国際理解教育学会編
◎2600円

国際理解教育 教育と実践、交流を通じて国際理解教育の発展をはかる【年1回刊】
日本国際理解教育学会編
◎2500円

シミュレーション教材「ひょうたん島問題」 多文化共生社会ニッポンの学習課題
藤原孝章著
◎1800円

異文化間葛藤と教育価値観 日本人教師と留学生の葛藤解決に向けた社会心理学的研究
加賀美常美代著
◎3000円

比較文化事典【増補改訂版】
関東学院大学国際文化学部比較文化学科編
◎3300円

グローバル化のなかの異文化間教育 異文化間能力の考察と文脈化の試み
西山教行、大木充編著
◎2400円

新 多文化共生の学校づくり 横浜市の挑戦
山脇啓造、服部信雄編著／横浜市教育委員会、横浜市国際交流協会協力
◎2400円

〈価格は本体価格です〉